学习贯彻习近平新时代中国特色社会主义经济思想
做好“十四五”规划编制和发展改革工作
| 系列丛书 |

建设更高水平开放型经济新体制

丛书编写组　编著

中国计划出版社　中国市场出版社 China Market Press
·北京·

图书在版编目（CIP）数据

建设更高水平开放型经济新体制 / 学习贯彻习近平新时代中国特色社会主义经济思想 做好“十四五”规划编制和发展改革工作系列丛书编写组编著. -- 北京 ：中国计划出版社 ：中国市场出版社有限公司，2020.8（2020.11重印）

（学习贯彻习近平新时代中国特色社会主义经济思想做好“十四五”规划编制和发展改革工作系列丛书）

ISBN 978-7-5182-1223-1

Ⅰ. ①建… Ⅱ. ①学… Ⅲ. ①习近平新时代中国特色社会主义思想—学习参考资料②中国经济—经济体制—学习参考资料 Ⅳ. ①D610②F121

中国版本图书馆CIP数据核字(2020)第170741号

建设更高水平开放型经济新体制

JIANSHE GENGGAO SHUIPING KAIFANGXING JINGJI XINTIZHI

编　　著：丛书编写组
责任编辑：赵超霖　李　陵
装帧设计：蒋宏工作室

出版发行：中国计划出版社　中国市场出版社
社　　址：北京市西城区木樨地北里甲11号国宏大厦C座3层（100038）
电　　话：（010）63906433（发行部）
网　　址：www. jhpress. com

印　　刷：北京中科印刷有限公司
规　　格：170mm × 240mm　　1/16开本
印　　张：16.5　　字　　数：173千字
版　　次：2020年8月第1版　　印　　次：2020年11月第3次印刷
书　　号：ISBN 978-7-5182-1223-1
定　　价：40.00元

前 言

对外开放是我国的基本国策，建设更高水平开放型经济新体制是对外开放的重大举措。党的十八大以来，习近平总书记围绕对外开放作出的一系列重要论述，是习近平新时代中国特色社会主义经济思想的重要内容，为建设更高水平开放型经济新体制提供了根本遵循。为深入学习领会习近平总书记关于对外开放的重要论述，进一步贯彻落实党中央、国务院关于建设更高水平开放型经济新体制的决策部署，推动“十四五”时期全面对外开放，特编写本书。

本书主要包括五部分。第一章阐述习近平总书记关于对外开放重要论述的重大意义。第二章阐述学习贯彻习近平总书记关于对外开放重要论述的深刻体会。第三章展现党的十八大以来构建开放型经济新体制取得的重大进展。第四章分析“十四五”时期建设更高水平开放型经济新体制面临的新形势。第五章提出“十四五”时期建设更高水平开放型经济新体制的工作思路。

开放带来进步，封闭必然落后。“十四五”时期是我国全面建成小康社会、实现第一个百年奋斗目标之后，乘势而上开启全面建设社会主义现代化国家新征程、向第二个百年奋斗目标进军的第一个五年。必须以习近平新时代中国特色社会主义经济思想为指导，深入学习贯彻习近平总书记关于对外开放的重要论述，建设更高水平开放型经济新体制，以更大范围、更宽领域、更深层次的全面开放推动经济高质量发展，为全面建设社会主义现代化国家开好局、起好步。

习近平总书记关于对外开放的重要论述博大精深，我们虽努力追求学深悟透，但水平有限，学习领悟还不够深入，研究阐述不可避免有疏漏之处，敬请广大读者提出宝贵意见。

本书编写组

2020 年 8 月

目 录

第一章
充分认识习近平总书记关于对外开放重要论述的重大意义

第一节　习近平总书记关于对外开放的重要论述书写了中国特色社会主义条件下的对外开放新篇章……3
第二节　习近平总书记关于对外开放的重要论述提供了新形势下推进对外开放的行动指南……14
第三节　习近平总书记关于对外开放的重要论述提出了大变局中推动经济全球化的中国方案……22

第二章
学习贯彻习近平总书记关于对外开放重要论述的深刻体会

第一节　坚持全面开放，推进制度型开放，不断提升对外开放水平……33
第二节　坚持主动开放，把开放作为改革发展的内在要求，更加积极主动扩大对外开放……42
第三节　坚持双向开放，把引进来和走出去更好结合起来，拓展经济发展空间……47
第四节　坚持协同开放，推动形成东西双向互济、陆海内外联动的区域开放格局……52
第五节　坚持公平开放，构建公平竞争的内外资发展环境，推动各国平等对待中国投资……57

第六节　坚持共赢开放，共建“一带一路”，推动经济全球化朝着更加开放、包容、普惠、平衡、共赢的方向发展 …… 61

第三章
党的十八大以来构建开放型经济新体制取得重大进展

第一节　“一带一路”建设扎实推进 …… 67
第二节　对外贸易稳中提质 …… 88
第三节　外商投资管理体制改革持续深化 …… 99
第四节　区域开放布局逐步优化 …… 113
第五节　企业走出去成效显著 …… 135
第六节　服务开放发展的金融体系逐步形成 …… 152
第七节　开放条件下经济安全保障能力逐步增强 …… 163

第四章
“十四五”时期建设更高水平开放型经济新体制面临新形势

第一节　国际形势 …… 173
第二节　国内形势 …… 184

第五章
“十四五”时期建设更高水平开放型经济新体制的工作思路

第一节　培育全面开放新优势 …… 195
第二节　打造全面开放新高地 …… 204

第三节 拓展全面开放新空间 214
第四节 共建全面开放新平台 224
第五节 畅通全面开放双循环 231
第六节 筑牢全面开放安全网 241

参考文献 245
后 记 252

学习贯彻习近平新时代中国特色社会主义经济思想

做好“十四五”规划编制和发展改革工作

| 系列丛书 |

第一章

充分认识习近平总书记关于对外开放重要论述的重大意义

对外开放是我国的基本国策。党的十八大以来，以习近平同志为核心的党中央总揽战略全局，推进对外开放理论和实践创新，确立开放发展新理念，推进“一带一路”建设，构建开放型经济新体制，倡导发展开放型世界经济，积极参与全球经济治理，全面开放新格局正在形成，对外开放取得新的重大成就，成为党和国家历史性成就、历史性变革的重要组成部分。习近平总书记站在中华民族伟大复兴战略全局和世界百年未有之大变局的高度，准确判断国际形势新变化，深刻把握国内改革发展新要求，围绕对外开放作出的一系列重要论述既有很强的思想性、理论性、战略性，又有很强的针对性、实践性、可操作性，是习近平新时代中国特色社会主义经济思想的重要内容，对于在新的历史起点上推进对外开放，对于决胜全面建成小康社会、夺取新时代中国特色社会主义伟大胜利、实现中华民族伟大复兴的中国梦，对于推动经济全球化、构建人类命运共同体，具有十分重大的意义。

第一节

习近平总书记关于对外开放的重要论述书写了中国特色社会主义条件下的对外开放新篇章

党的十九大报告指出，经过长期努力，中国特色社会主义进入了新时代，这是我国发展新的历史方位。习近平总书记关于对外开放的重要论述，贯穿着马克思主义立场、观点、方法，总结和运用对外开放历史经验与发展规律，科学回答了新时代要不要对外开放、要什么样的对外开放、要怎样对外开放等重大命题。

一、科学回答了新时代要不要对外开放的问题

马克思主义政治经济学认为，人类社会最终将从各民族的历史走向世界历史。改革开放以来，我国坚持对外开放基本国

策，打开国门搞建设，实现了从封闭半封闭到全方位开放的历史性转折。过去40多年中国经济发展是在开放条件下取得的，未来中国经济实现高质量发展也必须在开放条件下进行。党的十八大以来，习近平总书记针对新时代要不要开放的问题作出系列重要论述。

坚定不移走改革开放的强国之路。2012年12月，习近平总书记在党的十八大以后首次离京考察便来到对外开放先行地广东。他指出，党的十八大向全党全国发出了深化改革开放新的宣言书、新的动员令，全党全国各族人民要坚定不移走改革开放的强国之路，更加注重改革的系统性、整体性、协同性，做到改革不停顿、开放不止步，为全面建成小康社会、加快推进社会主义现代化而团结奋斗。[1] 2018年11月，习近平主席在二十国集团领导人峰会第一阶段会议上指出，40年来，在国际社会支持下，中国人民通过不懈奋斗，取得了历史性成就；中国得益于改革开放，中国将坚定不移沿着这条路走下去。[2]

开放带来进步，封闭必然落后。2014年12月，习近平总书记在主持十八届中共中央政治局第十九次集体学习时指出，开放带来

[1]《习近平在广东考察时强调 增强改革的系统性整体性协同性 做到改革不停顿开放不止步》，《人民日报》2012年12月12日。

[2]《习近平出席二十国集团领导人第十三次峰会并发表重要讲话 强调要坚持开放合作、伙伴精神、创新引领、普惠共赢，以负责任态度把握世界经济大方向》，《人民日报》2018年12月1日。

进步，封闭导致落后，这已为世界和我国发展实践所证明。[1] 2018年12月，习近平总书记在庆祝改革开放40周年大会上指出，改革开放40年的实践启示我们，开放带来进步，封闭必然落后。[2]

以开放促改革、促发展、促创新。2014年12月，习近平总书记在主持十八届中共中央政治局第十九次集体学习时指出，不断扩大对外开放、提高对外开放水平，以开放促改革、促发展，是我国发展不断取得新成就的重要法宝。[1] 2019年11月，习近平主席在第二届中国国际进口博览会开幕式上指出，我们将坚持对外开放的基本国策，坚持以开放促改革、促发展、促创新，持续推进更高水平的对外开放。[3]

中国开放的大门不会关闭，只会越开越大。在会议、考察和出访等场合，习近平总书记多次重申，中国开放的大门不会关闭，只会越开越大。2013年4月，习近平主席在博鳌亚洲论坛上指出，中国开放的大门不会关上，中国将在更大范围、更宽领域、更深层次上提高开放型经济水平。[4] 党的十九大报告指出，中国开放的大门不会关闭，只会越开越大。2020年7月，习近平总书记

[1]《习近平在中共中央政治局第十九次集体学习时强调 加快实施自由贸易区战略 加快构建开放型经济新体制》，《人民日报》2014年12月7日。

[2]《在庆祝改革开放40周年大会上的讲话》，《人民日报》2018年12月19日。

[3]《开放合作，命运与共》（2019年11月5日），《习近平谈治国理政》第三卷，外文出版社2020年版，第211页。

[4]《习近平同出席博鳌亚洲论坛2013年年会的中外企业家代表座谈时强调 中国经济保持持续健康发展 中国将提高开放型经济水平 中国在今后相当长时期仍处于发展上升期，经济增速完全有可能继续保持较高水平》，《人民日报》2013年4月9日。

在企业家座谈会上指出，中国开放的大门不会关闭，只会越开越大。[1]

习近平总书记关于对外开放的重要论述，深刻总结了我国对外开放的成功实践和重要经验，深刻阐释了新时代坚持对外开放的必要性和紧迫性，有力增强了全党全国各族人民坚持对外开放的共识和信心，充分展现了新时代中国坚持对外开放的决心和意志。我们要深入学习领会习近平总书记关于对外开放的重要论述，始终坚持对外开放基本国策不动摇，不断以对外开放的主动赢得经济发展的主动、赢得国际竞争的主动。

二、科学回答了新时代要什么样的对外开放的问题

我国经济已由高速增长阶段转向高质量发展阶段，社会主要矛盾转化为人民日益增长的美好生活需要和不平衡不充分的发展之间的矛盾。这是关系全局的历史性变化，对扩大对外开放提出了新要求。党的十八大以来，习近平总书记针对新时代要什么样的开放的问题作出系列重要论述。

坚定不移走中国特色社会主义道路。2012 年 12 月，习近平总书记在主持十八届中共中央政治局第二次集体学习时指出，改革开放是一场深刻革命，必须坚持正确方向，沿着正确道路前进；在方

[1]《在企业家座谈会上的讲话》，《人民日报》2020 年 7 月 22 日。

向问题上，我们头脑必须十分清醒，不断推动社会主义制度自我完善和发展，坚定不移走中国特色社会主义道路。[1] 2018 年 12 月，习近平总书记在庆祝改革开放 40 周年大会上指出，改革开放 40 年来，我们党全部理论和实践的主题是坚持和发展中国特色社会主义；前进道路上，我们必须坚持以新时代中国特色社会主义思想和党的十九大精神为指导，增强“四个自信”，牢牢把握改革开放的前进方向。[2]

以人民为中心。2012 年 11 月，习近平总书记在十八届中共中央政治局常委同中外记者见面时指出，人民对美好生活的向往，就是我们的奋斗目标。[3] 2018 年 12 月，习近平总书记在庆祝改革开放 40 周年大会上指出，必须坚持以人民为中心，不断实现人民对美好生活的向往；改革开放 40 年的实践启示我们：为中国人民谋幸福，为中华民族谋复兴，是中国共产党人的初心和使命，也是改革开放的初心和使命。[2]

互利共赢、多元平衡、安全高效。党的十八大报告指出，要完善互利共赢、多元平衡、安全高效的开放型经济体系。2013 年 10 月，习近平主席在亚太经合组织工商领导人峰会上指出，我们将实

---

[1]《习近平在中共中央政治局第二次集体学习时强调 以更大的政治勇气和智慧深化改革 朝着十八大指引的改革开放方向前进》，《人民日报》2013 年 1 月 2 日。

[2]《在庆祝改革开放 40 周年大会上的讲话》，《人民日报》2018 年 12 月 19 日。

[3]《习近平在十八届中共中央政治局常委同中外记者见面时强调 人民对美好生活的向往就是我们的奋斗目标》，《人民日报》2012 年 11 月 16 日。

行更加积极主动的开放战略，完善互利共赢、多元平衡、安全高效的开放型经济体系。[1]

全方位、多层次、宽领域。习近平总书记在党的十九大报告中指出，推动形成全面开放新格局。2018 年 12 月，习近平总书记在庆祝改革开放 40 周年大会上指出，我们统筹国内国际两个大局，坚持对外开放的基本国策，实行积极主动的开放政策，形成全方位、多层次、宽领域的全面开放新格局，为我国创造了良好国际环境、开拓了广阔发展空间。[2] 2019 年 11 月，习近平主席在金砖国家领导人第十一次会晤中指出，中国将坚持扩大对外开放，增加商品和服务进口，扩大外资市场准入，加强知识产权保护，形成全方位、多层次、宽领域的全面开放新格局。[3]

以国内大循环为主体、国内国际双循环相互促进。2020 年 5 月，习近平总书记在看望参加全国政协十三届三次会议的经济界委员时指出，面向未来，我们要把满足国内需求作为发展的出发点和落脚点，加快构建完整的内需体系，逐步形成以国内大循环为主体、国内国际双循环相互促进的新发展格局，培育新形势下我国

---

[1]《深化改革开放，共创美好亚太》（2013 年 10 月 7 日），《习近平谈治国理政》，外文出版社 2014 年版，第 347 页。

[2]《在庆祝改革开放 40 周年大会上的讲话》，《人民日报》2018 年 12 月 19 日。

[3]《习近平出席金砖国家领导人第十一次会晤并发表重要讲话 强调要倡导并践行多边主义 深入推进金砖国家新工业革命伙伴关系 坚持扩大对外开放 努力构建人类命运共同体》，《人民日报》2019 年 11 月 15 日。

参与国际合作和竞争新优势。[1] 2020 年 7 月，习近平总书记在企业家座谈会上指出，以国内大循环为主体，绝不是关起门来封闭运行，而是通过发挥内需潜力，使国内市场和国际市场更好联通，更好利用国际国内两个市场、两种资源，实现更加强劲可持续的发展。[2]

习近平总书记关于对外开放的重要论述，贯通历史、现实和未来，顺应人民新期待和时代发展新要求，清晰指明了新时代对外开放的前进方向，清晰描绘了新时代对外开放的美好愿景。我们要深入学习领会习近平总书记关于对外开放的重要论述，牢牢把握新时代对外开放的正确方向，坚持以人民为中心，完善互利共赢、多元平衡、安全高效的开放型经济体系，推动形成全方位、多层次、宽领域的全面开放新格局，加快构建以国内大循环为主体、国内国际双循环相互促进的新发展格局。

三、科学回答了新时代要怎样对外开放的问题

国际经济合作和竞争局面正在发生深刻变化，引进来、走出去在深度、广度、节奏上都是过去所不可比拟的，应对外部经济风险、维护国家经济安全的压力也是过去所不能比拟的。党的十八大

[1]《习近平在看望参加政协会议的经济界委员时强调 坚持用全面辩证长远眼光分析经济形势 努力在危机中育新机于变局中开新局》，《人民日报》2020 年 5 月 24 日。
[2]《在企业家座谈会上的讲话》，《人民日报》2020 年 7 月 22 日。

以来，习近平总书记针对新时代要怎样对外开放的问题作出系列重要论述。

坚持开放发展理念。党的十八届五中全会提出，必须牢固树立并切实贯彻创新、协调、绿色、开放、共享的发展理念。开放发展是新发展理念的重要内容。2015 年 10 月，习近平总书记在党的十八届五中全会上指出，开放发展注重的是解决发展内外联动问题；我们必须坚持对外开放的基本国策，奉行互利共赢的开放战略，深化人文交流，完善对外开放区域布局、对外贸易布局、投资布局，形成对外开放新体制，发展更高层次的开放型经济，以扩大开放带动创新、推动改革、促进发展。[1] 2015 年 11 月，习近平主席在新加坡国立大学演讲时指出，坚持开放发展，就是要奉行互利共赢的开放战略，发展更高层次的开放型经济，积极参与全球经济治理和公共产品供给，构建广泛的利益共同体。[2]

坚持稳中求进工作总基调。2017 年 7 月，习近平总书记在党外人士座谈会上指出，要更好把握稳和进的关系，稳是主基调，要在保持大局稳定的前提下谋进；稳中求进不是无所作为，不是强力维稳、机械求稳，而是要在把握好度的前提下有所作为，恰到好

[1]《在党的十八届五中全会第二次全体会议上的讲话（节选）》（2015 年 10 月 29 日），《求是》2016 年第 1 期。

[2]《深化合作伙伴关系 共建亚洲美好家园——在新加坡国立大学的演讲》，《人民日报》2015 年 11 月 8 日。

处，把握好平衡，把握好时机，把握好度。[1] 2020年4月，习近平总书记主持召开中共中央政治局会议时指出，当前经济发展面临的挑战前所未有，要充分估计困难、风险和不确定性；稳是大局，必须确保疫情不反弹，稳住经济基本盘，兜住民生底线；要在稳的基础上积极进取，在常态化疫情防控中全面推进复工复产达产，恢复正常经济社会秩序，培育壮大新的增产点增长极，牢牢把握发展主动权。[2]

坚持统筹国内国际两个大局。2013年1月，习近平总书记在主持十八届中共中央政治局第三次集体学习时强调，更好统筹国内国际两个大局，夯实走和平发展道路的基础。[3] 2015年11月，习近平总书记在主持十八届中共中央政治局第二十八次集体学习时指出，在经济全球化深入发展的条件下，我们不可能关起门来搞建设，而是要善于统筹国内国际两个大局，利用好国际国内两个市场、两种资源。[4] 2016年1月，习近平总书记在省部级主要领导干部学习贯彻党的十八届五中全会精神专题研讨班上指出，希望大家

---

[1]《就当前经济形势和下半年经济工作 中共中央召开党外人士座谈会 习近平主持并发表重要讲话》，《人民日报》2017年7月25日。

[2]《中共中央政治局召开会议 分析国内外新冠肺炎疫情防控形势 研究部署抓紧抓实抓细常态化疫情防控工作 分析研究当前经济形势和经济工作 中共中央总书记习近平主持会议》，《人民日报》2020年4月18日。

[3]《习近平在中共中央政治局第三次集体学习时强调 更好统筹国内国际两个大局 夯实走和平发展道路的基础》，《人民日报》2013年1月30日。

[4]《在十八届中央政治局第二十八次集体学习时的讲话》（2015年11月23日），《习近平关于社会主义经济建设论述摘编》，中央文献出版社2017年版，第298页。

不断探索实践，提高把握国内国际两个大局的自觉性和能力，提高对外开放质量和水平。[1]

全面用好我国发展的重要战略机遇期。2014 年 12 月，习近平总书记在中央经济工作会议上指出，经济发展进入新常态，没有改变我国发展仍处于可以大有作为的重要战略机遇期的判断，改变的是重要战略机遇期的内涵和条件。[2] 党的十九大报告指出，我国发展仍处于重要战略机遇期。2018 年 12 月，习近平总书记在中央经济工作会议上指出，我国发展仍处于并将长期处于重要战略机遇期；世界面临百年未有之大变局，变局中危和机同生并存，这给中华民族伟大复兴带来重大机遇。[3]

培育国际合作和竞争新优势。2013 年 12 月，习近平总书记在中央经济工作会议上指出，关键是要把我们的优势和劣势搞清楚，在此基础上，完善布局、定好政策，搭建有利于发挥优势的经贸合作平台，以我之优势对他人之劣势，以他人之优势补我之劣势。[4] 2017 年 2 月，习近平总书记主持召开中共中央政治局会议时指出，

---

[1]《习近平在省部级主要领导干部学习贯彻党的十八届五中全会精神专题研讨班开班式上发表重要讲话强调 聚焦发力贯彻五中全会精神 确保如期全面建成小康社会》，《人民日报》2016 年 1 月 19 日。

[2]《中央经济工作会议在北京举行》，《人民日报》2014 年 12 月 12 日。

[3]《中央经济工作会议在北京举行》，《人民日报》2018 年 12 月 22 日。

[4]《在中央经济工作会议上的讲话》（2013 年 12 月 10 日），《习近平关于社会主义经济建设论述摘编》，中央文献出版社 2017 年版，第 288 页。

要积极主动扩大对外开放，打造国际合作竞争新优势。[1]

以深化改革促进扩大开放。2015年9月，习近平总书记在中央全面深化改革领导小组第十六次会议上指出，改革和开放相辅相成、相互促进，改革必然要求开放，开放也必然要求改革；以扩大开放促进深化改革，以深化改革促进扩大开放，为经济发展注入新动力、增添新活力、拓展新空间。[2]

习近平总书记关于对外开放的重要论述，深刻阐释了新时代对外开放的理念和原则，深刻阐释了在对外开放进程中把握机遇、应对挑战的方法和策略。我们要深入学习领会习近平总书记关于对外开放的重要论述，坚持开放发展理念，坚持稳中求进工作总基调，坚持统筹国内国际两个大局，紧扣战略机遇期的新内涵，努力培育国际合作和竞争新优势，推动改革和开放互促并进，不断提升对外开放质量和水平。

---

[1]《中共中央政治局召开会议 中共中央总书记习近平主持会议》，《人民日报》2017年2月22日。

[2]《习近平主持召开中央全面深化改革领导小组第十六次会议强调 坚持以扩大开放促进深化改革 坚定不移提高开放型经济水平》，《人民日报》2015年9月16日。

第二节

习近平总书记关于对外开放的重要论述提供了新形势下推进对外开放的行动指南

党的十八大以后，国内外经济形势极其错综复杂，很多情况是改革开放以来没有碰到过的，机遇前所未有，挑战前所未有，机遇大于挑战。习近平总书记关于对外开放的重要论述，准确研判国内外形势新变化，深刻阐明了新形势下对外开放的整体布局、任务举措和体制机制等，是做好对外开放各项工作的根本遵循。

一、明确了新形势下对外开放的整体布局

经过多年努力，我国开放型经济发展水平稳步提升，同时也存在开放发展不平衡、不充分的问题。习近平总书记对此作出系列重

要论述，擘画了全面开放的宏伟蓝图。

实施更大范围开放。2016 年 8 月，习近平总书记在推进“一带一路”建设工作座谈会上指出，共建“一带一路”大幅提升了我国贸易投资自由化便利化水平，推动我国开放空间从沿海、沿江向内陆、沿边延伸，形成陆海内外联动、东西双向互济的开放新格局；各地区要加强共建“一带一路”同京津冀协同发展、长江经济带发展、粤港澳大湾区建设等国家战略对接，促进西部地区、东北地区在更大范围、更高层次上开放，助推内陆沿边地区成为开放前沿。[1]

实施更宽领域开放。2013 年 10 月，习近平主席在亚太经合组织工商领导人峰会上指出，坚持出口和进口并重，推动对外贸易平衡发展；坚持“引进来”和“走出去”并重，提高国际投资合作水平。[2] 2018 年 11 月，习近平主席在首届中国国际进口博览会开幕式上指出，中国正在稳步扩大金融业开放，持续推进服务业开放，深化农业、采矿业、制造业开放，加快电信、教育、医疗、文化等领域开放进程。[3]

实施更深层次开放。2018 年 12 月，习近平总书记在中央经济

---

[1]《习近平在推进“一带一路”建设工作座谈会上强调 总结经验坚定信心扎实推进 让“一带一路”建设造福沿线各国人民》，《人民日报》2016 年 8 月 18 日。

[2]《深化改革开放，共创美好亚太》（2013 年 10 月 7 日），《习近平谈治国理政》，外文出版社 2014 年版，第 347 页。

[3]《共建创新包容的开放型世界经济——在首届中国国际进口博览会开幕式上的主旨演讲》，《人民日报》2018 年 11 月 6 日。

工作会议上指出，要适应新形势、把握新特点，推动由商品和要素流动型开放向规则等制度型开放转变。[1] 2019 年 11 月，习近平主席在第二届中国国际进口博览会开幕式上指出，中国将继续针对制约经济发展的突出矛盾，在关键环节和重要领域加快改革步伐，以国家治理体系和治理能力现代化为高水平开放、高质量发展提供制度保障。[2]

习近平总书记关于对外开放的重要论述，紧扣我国社会主要矛盾变化，从统筹推进“五位一体”总体布局和协调推进“四个全面”战略布局的高度，阐明了新形势下对外开放在空间、领域和层次上的整体布局。我们要深入学习领会习近平总书记关于对外开放的重要论述，推进更大范围、更宽领域、更深层次的全面开放，不断为经济发展注入新动力、增添新活力、拓展新空间。

二、明确了新形势下对外开放的任务举措

应对新形势需要有新任务新举措。习近平总书记对此作出系列重要论述，具有很强的针对性和实践性。

推进“一带一路”建设。2013 年秋，习近平主席在哈萨克斯坦纳扎尔巴耶夫大学演讲时提出共同建设丝绸之路经济带，在印度

[1]《中央经济工作会议在北京举行》，《人民日报》2018 年 12 月 22 日。
[2]《开放合作，命运与共》（2019 年 11 月 5 日），《习近平谈治国理政》第三卷，外文出版社 2020 年版，第 211 页。

尼西亚国会演讲时提出共建21世纪海上丝绸之路。2016年8月，习近平总书记在推进"一带一路"建设工作座谈会上指出，以"一带一路"建设为契机，开展跨国互联互通，提高贸易和投资合作水平，推动国际产能和装备制造合作，本质上是通过提高有效供给来催生新的需求，实现世界经济再平衡。[1] 2018年8月，习近平总书记在推进"一带一路"建设5周年座谈会上指出，共建"一带一路"正在成为我国参与全球开放合作、改善全球经济治理体系、促进全球共同发展繁荣、推动构建人类命运共同体的中国方案。[2]"一带一路"建设是扩大开放的重大战略举措和经济外交的顶层设计。实践证明，共建"一带一路"不仅为世界各国发展提供了新机遇，也为中国开放发展开辟了新天地。

建设自由贸易试验区。2014年3月，习近平总书记在参加十二届全国人大二次会议上海代表团审议时指出，建设自由贸易试验区，是党中央为推进新形势下改革开放提出的一项重大举措；要大胆闯、大胆试、自主改，尽快形成一批可复制、可推广的新制度。[3] 党的十九大报告强调，要赋予自由贸易试验区（以下简称

[1]《习近平在推进"一带一路"建设工作座谈会上强调 总结经验坚定信心扎实推进 让"一带一路"建设造福沿线各国人民》，《人民日报》2016年8月18日。

[2]《习近平在推进"一带一路"建设5周年座谈会上强调 坚持对话协商共建共享合作共赢交流互鉴 推动共建"一带一路"走深走实造福人民》，《人民日报》2018年8月28日。

[3]《习近平在参加上海代表团审议时强调 推进中国上海自由贸易试验区建设 加强和创新特大城市社会治理》，《人民日报》2014年3月6日。

自贸试验区）更大改革自主权。建设自贸试验区是党中央、国务院在新形势下全面深化改革和扩大开放的战略举措，在我国改革开放进程中具有里程碑意义。实践证明，建设自贸试验区，发挥其全面深化改革和扩大开放试验田作用，进一步释放了开放红利，对于引领推动全面对外开放发挥了重要作用。

举办中国国际进口博览会。2018 年 11 月，习近平主席在首届中国国际进口博览会开幕式上指出，举办中国国际进口博览会，是中国着眼于推动新一轮高水平对外开放作出的重大决策，是中国主动向世界开放市场的重大举措；中国主动扩大进口，不是权宜之计，而是面向世界、面向未来、促进共同发展的长远考量。[1] 2019 年 11 月，习近平主席在第二届中国国际进口博览会开幕式上指出，中国将更加重视进口的作用，进一步降低关税和制度性成本，培育一批进口贸易促进创新示范区，扩大对各国高质量产品和服务的进口。[2] 中国国际进口博览会是迄今为止世界上第一个以进口为主题的国家级展会，是国际贸易发展史上一大创举。实践证明，举办中国国际进口博览会体现了中国支持多边贸易体制、推动发展自由贸易的一贯立场，是中国推动建设开放型世界经济、支持经济全球化的实际行动，在全球产生了广泛影响。

---

[1]《共建创新包容的开放型世界经济——在首届中国国际进口博览会开幕式上的主旨演讲》，《人民日报》2018 年 11 月 6 日。

[2]《开放合作，命运与共》（2019 年 11 月 5 日），《习近平谈治国理政》第三卷，外文出版社 2020 年版，第 211 页。

建设海南自由贸易港。2018 年 4 月，习近平总书记在庆祝海南建省办经济特区 30 周年大会上郑重宣布，党中央决定支持海南全岛建设自由贸易试验区，支持海南逐步探索、稳步推进中国特色自由贸易港建设，分步骤、分阶段建立自由贸易港政策和制度体系。[1] 2020 年 6 月，《海南自由贸易港建设总体方案》印发实施。建设海南自由贸易港，是党中央、国务院着眼于国际国内发展大局，深入研究、统筹考虑、科学谋划作出的重大决策，是彰显我国扩大对外开放、积极推动经济全球化决心的重大举措。实践证明，建设海南自由贸易港有利于对标当今世界最高水平的开放形态，将为我国改革开放注入新动能。

包括上述任务举措在内，习近平总书记亲自谋划、亲自部署、亲自推动一系列对外开放重大任务举措，坚持问题导向、目标导向和结果导向相统一，已经并将继续推动我国对外开放不断取得丰硕成果。我们要深入学习领会习近平总书记关于对外开放的重要论述，以钉钉子精神持续推动各项任务举措落地见效。

三、明确了新形势下对外开放的体制机制

新形势下对外开放要充分发挥市场在资源配置中的决定性作

[1]《稳步推进中国特色自由贸易港建设》（2018 年 4 月 13 日），《习近平谈治国理政》第三卷，外文出版社 2020 年版，第 198 页。

用，同时更好发挥政府作用。习近平总书记对此作出系列重要论述，引领推进开放型经济治理体系和治理能力现代化。

加强党的领导。2012 年 12 月，习近平总书记在中央经济工作会议上指出，发展是党执政兴国的第一要务，作为执政党，我们必须加强党对经济工作的领导，扎扎实实做好经济工作。[1] 习近平总书记反复强调并在党的十九大报告中明确指出，中国特色社会主义最本质的特征是中国共产党领导，中国特色社会主义制度的最大优势是中国共产党领导。

构建开放型经济新体制。2014 年 11 月，习近平主席在亚太经合组织工商领导人峰会开幕式上指出，中国致力于构建开放型经济新体制，放宽市场准入，扩大服务业包括资本市场的对外开放，扩大内陆沿边开放。[2] 2014 年 12 月，习近平总书记在主持十八届中共中央政治局第十九次集体学习时指出，加快构建开放型经济新体制，以对外开放的主动赢得经济发展的主动、赢得国际竞争的主动。[3] 2015 年 5 月，《中共中央 国务院关于构建开放型经济新体制的若干意见》印发实施。2017 年 7 月，习近平总书记在中央财经领导小组第十六次会议上指出，我们提出建设开放型经济新体

[1]《在中央经济工作会议上的讲话》（2012 年 12 月 15 日），《习近平关于社会主义经济建设论述摘编》，中央文献出版社 2017 年版，第 315 页。

[2]《谋求持久发展 共筑亚太梦想——在亚太经合组织工商领导人峰会开幕式上的演讲》，《人民日报》2014 年 11 月 10 日。

[3]《习近平在中共中央政治局第十九次集体学习时强调 加快实施自由贸易区战略 加快构建开放型经济新体制》，《人民日报》2014 年 12 月 7 日。

制，一个重要目的就是通过开放促进我们自身加快制度建设、法规建设，改善营商环境和创新环境，降低市场运行成本，提高运行效率，提升国际竞争力。[1] 2019 年 10 月，党的十九届四中全会提出，建设更高水平开放型经济新体制。

主动参与和影响全球经济治理。2013 年 12 月，习近平总书记在中央经济工作会议上指出，在全面对外开放的条件下，发挥优势也好，弥补劣势也好，都不是我们关起门来说了算的；要推动形成更加公平合理的全球治理体系，深度参与新的国际经贸谈判和规则制定，推动投资和贸易自由化制度安排，使我国人民巧于制造、善于通商的优势充分发挥出来。[2] 2014 年 12 月，习近平总书记在中央经济工作会议上指出，过去只是被动适应国际经贸规则，现在则要主动参与和影响全球经济治理。[3]

习近平总书记关于对外开放的重要论述，坚持和加强党对我国对外开放的领导，强化了对外开放的体制机制建设，有力激发开放发展的活力和潜力。我们要深入学习领会习近平总书记关于对外开放的重要论述，在以习近平同志为核心的党中央坚强领导下，建设更高水平开放型经济新体制，积极参与和影响全球经济治理，不断提升开放型经济治理水平。

---

[1]《习近平主持召开中央财经领导小组第十六次会议强调 营造稳定公平透明的营商环境 加快建设开放型经济新体制》，《人民日报》2017 年 7 月 17 日。

[2]《在中央经济工作会议上的讲话》（2013 年 12 月 10 日），《习近平关于社会主义经济建设论述摘编》，中央文献出版社 2017 年版，第 288 页。

[3]《中央经济工作会议在北京举行》，《人民日报》2014 年 12 月 12 日。

第三节

习近平总书记关于对外开放的重要论述提出了大变局中推动经济全球化的中国方案

当今世界正在经历百年未有之大变局，经济全球化已走到十字路口。习近平总书记关于对外开放的重要论述，着眼于构建人类命运共同体，深刻回答了在大变局中要什么样的经济全球化、怎样推动经济全球化等重大命题，引领推动开放型世界经济向前发展。

一、指明了经济全球化的发展方向

一段时间以来，经济全球化遭遇曲折，全球经济增长动能不足、发展失衡等问题突出，单边主义、保护主义愈演愈烈，世界面临开放与保守、合作与封闭、变革与守旧的重要抉择。在此背景下，习近平总书记就经济全球化的发展方向作出系列重要论述。

深刻揭示经济全球化是不可阻挡的历史潮流。2019年6月，习近平主席在二十国集团领导人第十四次峰会上指出，古往今来，人类从闭塞走向开放、从隔绝走向融合是不可阻挡的时代潮流。[1] 2019年11月，习近平主席在第二届中国国际进口博览会开幕式上指出，经济全球化是历史潮流，长江、尼罗河、亚马孙河、多瑙河昼夜不息、奔腾向前，尽管会出现一些回头浪，尽管会遇到很多险滩暗礁，但大江大河奔腾向前的势头是谁也阻挡不了的。[2]

旗帜鲜明反对单边主义、保护主义。2018年9月，习近平主席在中非合作论坛北京峰会开幕式上指出，面对世界经济增长的不稳定性不确定性，中国坚持走开放融通、合作共赢之路，坚定维护开放型世界经济和多边贸易体制，反对保护主义、单边主义，把自己囚于自我封闭的孤岛没有前途！[3] 2018年11月，习近平主席在首届中国国际进口博览会开幕式上指出，各国应该坚持开放的政策取向，旗帜鲜明反对保护主义、单边主义，提升多边和双边开放水

[1]《合力打造高质量世界经济》（2019年6月28日），《习近平谈治国理政》第三卷，外文出版社2020年版，第473页。

[2]《开放合作，命运与共》（2019年11月5日），《习近平谈治国理政》第三卷，外文出版社2020年版，第211页。

[3]《携手共命运同心促发展——在二〇一八年中非合作论坛北京峰会开幕式上的主旨讲话》，《人民日报》2018年9月4日。

平，推动各国经济联动融通，共同建设开放型世界经济。[1]

积极倡导开放、包容、普惠、平衡、共赢的经济全球化。2017年11月，习近平主席在亚太经合组织工商领导人峰会上指出，我们要引导经济全球化朝着更加开放、包容、普惠、平衡、共赢的方向发展，造福不同国家、不同阶层、不同人群。[2] 2020年5月，习近平总书记在参加全国政协经济界联组会时指出，现在国际上保护主义思潮上升，但我们要站在历史正确的一边，坚持多边主义和国际关系民主化，以开放、合作、共赢胸怀谋划发展，坚定不移推动经济全球化朝着开放、包容、普惠、平衡、共赢的方向发展，推动建设开放型世界经济。[3]

习近平总书记关于对外开放的重要论述，准确把握世界大势和时代潮流，指明了经济全球化的发展方向，有力推动贸易和投资自由化便利化，更加坚定了各国通过开放合作推动经济全球化深入发展的信心。我们要深入学习领会习近平总书记关于对外开放的重要论述，坚定站在历史正确的一边，旗帜鲜明反对单边主义、保护主义，积极推动经济全球化朝着开放、包容、普惠、平衡、共赢的方向发展。

---

[1]《共建创新包容的开放型世界经济——在首届中国国际进口博览会开幕式上的主旨演讲》，《人民日报》2018年11月6日。

[2]《抓住世界经济转型机遇 谋求亚太更大发展——在亚太经合组织工商领导人峰会上的主旨演讲》，《人民日报》2017年11月11日。

[3]《习近平在看望参加政协会议的经济界委员时强调 坚持用全面辩证长远眼光分析经济形势 努力在危机中育新机于变局中开新局》，《人民日报》2020年5月24日。

二、提出了经济全球化的合作路径

我国日益走近世界舞台中央，不仅是经济全球化的受益者，也是贡献者。在此背景下，习近平总书记就经济全球化的合作路径作出系列重要论述。

引领推动“一带一路”国际合作。2017 年 5 月，习近平主席在首届“一带一路”国际合作高峰论坛上指出，“一带一路”建设要以开放为导向，解决经济增长和平衡问题；我们要打造开放型合作平台，维护和发展开放型世界经济，共同创造有利于开放发展的环境，推动构建公正、合理、透明的国际经贸投资规则体系，促进生产要素有序流动、资源高效配置、市场深度融合。[1] 2019 年 4 月，习近平主席在第二届“一带一路”国际合作高峰论坛上指出，面向未来，我们要聚焦重点、深耕细作，共同绘制精谨细腻的“工笔画”，推动共建“一带一路”沿着高质量发展方向不断前进。[2]

引领推动构建开放型世界经济。2017 年 1 月，习近平主席在世界经济论坛 2017 年年会开幕式上指出，我们要坚定不移发展开

[1]《携手推进“一带一路”建设》（2017 年 5 月 14 日），《习近平谈治国理政》第二卷，外文出版社 2017 年版，第 512、513 页。
[2]《推动共建“一带一路”高质量发展》（2019 年 4 月 26 日），《习近平谈治国理政》第三卷，外文出版社 2020 年版，第 490 页。

放型世界经济，在开放中分享机会和利益、实现互利共赢；不能一遇到风浪就退回到港湾中去，那是永远不能到达彼岸的。[1] 2018年4月，习近平主席同出席博鳌亚洲论坛年会的中外企业家代表座谈时指出，我们要坚定不移发展开放型世界经济，为亚洲和世界发展作出中国贡献。[2] 2018年6月，习近平主席在上海合作组织成员国元首理事会第十八次会议上指出，我们要秉持开放、融通、互利、共赢的合作观，拒绝自私自利、短视封闭的狭隘政策，维护世界贸易组织规则，支持多边贸易体制，构建开放型世界经济。[3]

欢迎各国搭乘中国发展“顺风车”。2015年9月，习近平主席在出席第70届联合国大会一般性辩论时指出，中国将始终做全球发展的贡献者，坚持走共同发展道路，继续奉行互利共赢的开放战略，将自身发展经验和机遇同世界各国分享，欢迎各国搭乘中国发展“顺风车”。[4] 2017年1月，习近平主席在联合国日内瓦总部演讲时指出，中国促进共同发展的决心不会改变；中国将继续奉行互利共赢的开放战略，将自身发展机遇同世界各国分享，欢迎各国搭

[1]《共担时代责任，共促全球发展》（2017年1月17日），《习近平谈治国理政》第二卷，外文出版社2017年版，第481页。

[2]《习近平同出席博鳌亚洲论坛年会的中外企业家代表座谈》，《人民日报》2018年4月12日。

[3]《弘扬“上海精神”构建命运共同体——在上海合作组织成员国元首理事会第十八次会议上的讲话》，《人民日报》2018年6月11日。

[4]《携手构建合作共赢新伙伴，同心打造人类命运共同体——在第70届联合国大会一般性辩论时的讲话》，《人民日报》2015年9月28日。

乘中国发展的“顺风车”。[1]

习近平总书记关于对外开放的重要论述，顺应各国人民过上更好日子的强烈愿望，为破解全球发展难题贡献了中国智慧，充分彰显了负责任大国的责任和担当，充分彰显了中国向世界张开双臂、同各国互利合作的诚意和决心。我们要深入学习领会习近平总书记关于对外开放的重要论述，促进“一带一路”国际合作走深走实，发展开放型世界经济，推动与世界各国联动开放、共同发展。

三、创新了经济全球化的治理理念

经济全球化深入发展，把世界各国利益和命运更加紧密地联系在一起，形成了你中有我、我中有你的利益共同体，全球性挑战需要各国通力合作来应对。在此背景下，习近平总书记就全球经济治理作出系列重要论述。

提出了共商共建共享的全球治理观。党的十九大报告指出，中国秉持共商共建共享的全球治理观。2018 年 9 月，习近平主席在中非合作论坛北京峰会开幕式上指出，面对时代命题，中国将积极

[1]《共同构建人类命运共同体——在联合国日内瓦总部的演讲》，《人民日报》2017 年 1 月 20 日。

参与全球治理，秉持共商共建共享全球治理观。[1] 2019 年 3 月，习近平主席在中法全球治理论坛闭幕式上指出，我们要坚持共商共建共享的全球治理观，坚持全球事务由各国人民商量着办，积极推进全球治理规则民主化。[2]

阐明了全球经济治理的原则和重点。2016 年 9 月，习近平主席在二十国集团工商峰会上指出，全球经济治理应该以平等为基础，以开放为导向，以合作为动力，以共享为目标；共同构建公正高效的全球金融治理格局，开放透明的全球贸易和投资治理格局，绿色低碳的全球能源治理格局，包容联动的全球发展治理格局。[3] 2020 年 3 月，习近平主席在二十国集团领导人特别峰会上指出，疫情对全球生产和需求造成全面冲击，各国应该联手加大宏观政策对冲力度，防止世界经济陷入衰退。习近平主席呼吁，二十国集团成员采取共同举措，减免关税、取消壁垒、畅通贸易，发出有力信号，提振世界经济复苏士气。[4]

习近平总书记关于对外开放的重要论述，准确把握全球经济治理体系变革的时代要求，充分发掘了中华文化中积极的处世之道

---

[1]《携手共命运同心促发展——在二〇一八年中非合作论坛北京峰会开幕式上的主旨讲话》，《人民日报》2018 年 9 月 4 日。

[2]《为建设更加美好的地球家园贡献智慧和力量——在中法全球治理论坛闭幕式上的讲话》，《人民日报》2019 年 3 月 27 日。

[3]《中国发展新起点 全球增长新蓝图——在二十国集团工商峰会开幕式上的主旨演讲》，《人民日报》2016 年 9 月 4 日。

[4]《习近平出席二十国集团领导人应对新冠肺炎特别峰会并发表重要讲话》，《人民日报》2020 年 3 月 27 日。

和治理理念同当今时代的共鸣点，为完善全球经济治理贡献了中国智慧。我们要深入学习领会习近平总书记关于对外开放的重要论述，秉持共商共建共享全球治理观，与各国一道开放合作，共同把全球市场的蛋糕做大、把全球共享的机制做实、把全球合作的方式做活，共同把经济全球化动力搞得越大越好、阻力搞得越小越好。

第二章

学习贯彻习近平总书记关于对外开放重要论述的深刻体会

习近平总书记关于对外开放的重要论述立意高远、内涵丰富、思想深刻，是引领对外开放不断迈上新台阶的思想武器和行动指南。党的十八大以来，我们紧密结合对外开放新形势新任务新要求，紧密结合发展改革工作实际，在实践中形成和深化对习近平总书记关于对外开放重要论述的认识和体会。

第一节

坚持全面开放，推进制度型开放，不断提升对外开放水平

习近平主席指出，中国对外开放是全方位、全领域的，正在加快推动形成全面开放新格局。[1] 全面开放是新时代对外开放的鲜明特征。建设更高水平经济新体制，要更好统筹国内国际两个大局，推动更大范围、更宽领域、更深层次的全面开放。

一、实施更大范围开放

根据不同区域经济发展的特点实施差异化对外开放，一直是我

[1]《开放合作，命运与共》（2019 年 11 月 5 日），《习近平谈治国理政》第三卷，外文出版社 2020 年版，第 211 页。

国改革开放的主要策略之一。改革开放以来，我国区域开放走过了从沿海到沿江，再到内陆、沿边地区的渐进式开放历程，东部沿海地区借此实现率先发展，并带动中西部地区和东北地区不断扩大对外开放（见表 2–1）。我国社会主要矛盾已经转化为人民日益增长的美好生活需要和不平衡不充分的发展之间的矛盾，区域发展不平衡是其中的重要方面。未来的对外开放空间格局不应是强化各地区之间的开放型差异，而是要尽量缩小这种区域差异。党的十九大报告强调，形成陆海内外联动、东西双向互济的开放格局。这就要求实施更大范围的全面开放，优化对外开放的空间格局，改变东快西慢、沿海强内陆弱的开放现状，引导沿海内陆沿边开放优势互补、协同发展，加强东西部联动发展，继续发挥东部地区的引领作用，深挖中西部和东北地区开放潜力，促进区域经济发展更加平衡，增强区域发展战略与高水平对外开放的相互促进和联动效应。

表 2–1　我国对外开放区域向纵深推进

年份	开放区域
1980	设立深圳、珠海、厦门、汕头经济特区
1984	开放天津、上海、大连、秦皇岛、烟台、青岛、连云港、南通、宁波、温州、福州、广州、湛江和北海等 14 个沿海港口城市
1985	建立长江三角洲、珠江三角洲、闽南三角区等沿海经济开放区
1988	设立海南经济特区；开放辽东、山东半岛
1990	开发开放上海浦东

续表

年份	开放区域
1992	开放芜湖、重庆等长江沿江城市，哈尔滨、长春、呼和浩特等沿边省会城市，太原、合肥等内陆省会城市，珲春、绥芬河、黑河等沿边城市
2000	启动西部大开发
2012	设立宁夏内陆开放型经济试验区，以及广西东兴、云南瑞丽、内蒙古满洲里重点开发开放试验区
2013	启动上海自贸试验区
2014	设立内蒙古二连浩特重点开发开放试验区
2015	建立广东、天津、福建自贸试验区；设立云南勐腊（磨憨）重点开发开放试验区
2016	设立贵州内陆开放型经济试验区，以及黑龙江绥芬河—东宁、广西凭祥重点开发开放试验区
2017	建立辽宁、浙江、河南、湖北、重庆、四川、陕西自贸试验区
2018	建设海南自贸试验区（自由贸易港）
2019	增设上海自贸试验区临港新片区，建立山东、江苏、广西、河北、云南、黑龙江自贸试验区
2020	设立江西内陆开放型经济试验区；设立广西百色重点开发开放试验区；海南自由贸易港建设实质性启动

二、实施更宽领域开放

通过一定的市场准入限制来保护国内幼稚产业和维护国家经济安全，是发达国家和发展中国家通行做法。改革开放以来，我国循序渐进不断扩大开放领域，逐步降低关税水平，减少对外资的准入限制，不断提高贸易投资便利化水平，基本实现了制造业、金融业全面开放（见表 2–2）。当前，我国经济进入高质量发展阶段，需要通过更宽领域的开放，吸引更多更优质的外资企业在我国市场上与内资企业同台竞争、共同发展。这有利于满足人民日益增长的美好生活需要，也有利于推动国内国际双循环相互促进，有利于推动我国企业和产业不断增强国际竞争力。党的十九届四中全会明确提出，实施更宽领域的全面开放，推动制造业、服务业、农业扩大开放，保护外资合法权益，促进内外资企业公平竞争，拓展对外贸易多元化，稳步推进人民币国际化。更宽领域的全面开放，不仅包括扩大对外贸易、跨境投资合作，还包括深化和拓展资金、人才、科技等领域国际合作。同时，更加注重提升引进来的层次和质量，持续优化营商环境，着力吸引集聚全球优质高端创新资源，完善要素市场化国际化配置，更好发展和积聚我国经济新动能。

表 2–2　我国对外开放行业领域不断扩大

外商投资准入政策	开放行业领域
《外商投资产业指导目录（2015年修订）》	外商投资限制性措施由 180 条缩减至 93 条。制造业领域，主要是取消钢铁、乙烯、炼油、造纸、起重机械、输变电设备、煤化工设备、轻型直升机、汽车电子集成系统等股比要求，有色金属冶炼、小型工程机械、普通轴承、感光材料、氯霉素等不再列入限制类。服务业领域，主要是取消或放宽电子商务、连锁经营、支线铁路、地铁、轻轨、海上运输、演出场所等股比要求，直销、邮购、铁路货物运输、保险经纪公司、财务公司、信托公司、货币经纪公司等不再列入限制类

续表

外商投资准入政策	开放行业领域
《外商投资产业指导目录（2017年修订）》	外商投资限制性措施由93条缩减至63条，首次提出全国范围实施的外商投资准入负面清单。服务业领域，重点取消了公路旅客运输、外轮理货、评级服务、会计审计、农产品批发市场等领域准入限制。制造业领域，重点取消了轨道交通设备、汽车电子、新能源汽车电池、摩托车、食用油脂、燃料乙醇等领域准入限制，放宽了纯电动汽车等领域外资准入限制。采矿业领域，重点取消了非常规油气、贵金属、锂矿等领域准入限制
《外商投资准入特别管理措施（负面清单）（2018年版）》	外商投资限制性措施由63条缩减至48条，全国外商投资准入负面清单首次独立发布。金融领域，取消银行业外资股比限制，将证券公司、基金管理公司、期货公司、寿险公司的外资股比放宽至51%。基础设施领域，取消铁路干线路网、电网外资限制。交通运输领域，取消铁路旅客运输公司、国际海上运输、国际船舶代理外资限制。商贸流通领域，取消加油站、粮食收购批发外资限制。文化领域，取消禁止投资互联网上网服务营业场所的规定。制造业领域，汽车行业取消专用车、新能源汽车外资股比限制，船舶、飞机行业取消外资限制。能源领域，取消特殊稀缺煤类开采外资限制。资源领域，取消石墨开采、稀土冶炼分离、钨冶炼外资限制。农业领域，取消小麦、玉米之外农作物种子生产外资限制
《外商投资准入特别管理措施（负面清单）（2019年版）》	外商投资限制性措施48条措施减至40条。交通运输领域，取消国内船舶代理须由中方控股的限制。基础设施领域，取消50万人口以上城市燃气、热力管网须由中方控股的限制。文化领域，取消电影院、演出经纪机构须由中方控股的限制。增值电信领域，取消国内多方通信、存储转发、呼叫中心3项业务对外资的限制。农业领域，取消禁止外商投资野生动植物资源开发的规定。采矿业领域，取消石油天然气勘探开发限于合资、合作的限制，取消禁止外商投资钼、锡、锑、萤石勘查开采的规定。制造业领域，取消禁止外商投资宣纸、墨锭生产的规定
《外商投资准入特别管理措施（负面清单）（2020年版）》	外商投资限制性措施40条措施减至33条。金融领域，取消证券公司、证券投资基金管理公司、期货公司、寿险公司外资股比限制。基础设施领域，取消50万人口以上城市供排水管网的建设、经营须由中方控股的规定。制造业领域，放开商用车制造外资股比限制，取消禁止外商投资放射性矿产冶炼、加工和核燃料生产的规定。农业领域，将小麦新品种选育和种子生产须由中方控股放宽为中方股比不低于34%

三、实施更深层次开放

经过 40 多年改革开放，商品和要素流动型开放取得长足进展，相关开放红利释放得比较充分，我国开放型经济规模不断扩大，对外贸易和跨境投资的国际份额不断提高。实施更深层次的开放，要在有利于开放发展的制度建设上下功夫。党的十九届四中全会提出，建设更高水平开放型经济新体制，推动规则、规制、管理、标准等制度型开放。实施更深层次开放，要从我国国情出发，借鉴和对标国际先进经验，完善我国涉外经贸法律和规则体系，推动由商品和要素流动型开放向规则等制度型开放转变，营造更加市场化、法治化、国际化的营商环境；要充分发挥中国特色社会主义制度优势、超大规模市场优势，加快形成立足周边、辐射“一带一路”、面向全球的高标准自由贸易区（以下简称自贸区）网络；积极参与 WTO 改革，推动完善国际经贸规则，与国际社会一道共同构建以规则为基础的多边贸易体制，维护多边贸易体制的权威性和有效性，引领国际经贸规则朝着有利于推动经济全球化、发展开放型世界经济的方向演进。

» 专栏 2-1

构建开放型经济新体制综合试点试验

为贯彻落实党的十八届三中全会关于构建开放型经济新体制的重大部署，经党中央、国务院批准，2016 年 5 月，商务部会同国家发展改革委，在济南市、南昌市、唐山市、漳州市、东莞市、防城港市、上海浦东新区、重庆两江新区、陕西西咸新区、大连金普新区、武汉城市圈、苏州工业园区等 12 个地区，开展为期两年的构建开放型经济新体制综合试点试验。两年间，相关部门和试点地区勇于开拓创新，在形成市场配置资源新机制、探索经济运行管理新模式、构建全方位开放新格局、培育国际合作竞争新优势等方面进行了形式多样的探索，试点工作取得了积极成效。

12 个构建开放型经济新体制综合试点试验地区

试点地区	特色经验	具体举措
济南市	促进国际产能合作“3+1”工作机制	在开展国际产能合作时，政府、银行、信用保险机构和企业发挥各自职能和优势，纵横联动、协调发展，共同推动企业安全高效走出去

续表

试点地区	特色经验	具体举措
南昌市	“重资本轻资产”招商模式	“重资本”是指设立产业投资引导资金，以其为母基金，与金融、投资机构合作设立产业发展基金，撬动社会资本参与产业投资。“轻资产”是指为入驻企业配套建设标准厂房、职工宿舍、生活配套等设施，减轻企业非生产性投入，缩短外来投资项目建设周期，实现产业快速集聚
唐山市	京津产业搬迁来唐企业“落地签”政策	京津现有企业整体搬迁来唐山时，企业提交建设新址、经营场所证明材料，即可先行办理注册登记，按企业意愿可以保留原企业名称不变
漳州市	“多评一表”并联审批新模式	将项目立项阶段所涉及的可行性研究报告、环境影响评价等十几项评估报告中的关键性指标抽离出来，整合成一张表，实行要素审查。把审批提速的着力点从审批部门内部拓展到审批全流程，对业主准备资料、中介机构准备评估报告到行政部门审批等全流程进行优化，有效促进建设项目审批改革
东莞市	“机器换人”工程	安排财政预算，资助企业利用先进自动化设备进行新一轮技术改造，在电子、机械、食品、纺织、服装、家具、鞋业、化工、物流等重复劳动特征明显、劳动强度大、有一定危险性的行业领域企业中，全面推动实施“机器换人”
防城港市	边境贸易“一指通”	以信息化、自动化和智能化为依托，以全程电子化作业为核心，通过指纹申报、智能卡口和电子信息传输等智能化管理模式，取代以往边民凭借纸质单证申报的传统模式

续表

试点地区	特色经验	具体举措
上海浦东新区	首次进口非特殊用途化妆品备案管理	凡从浦东新区口岸进口，且境内责任人注册地在上海浦东新区的首次进口非特殊用途化妆品，由现行审批管理调整为备案管理，使市场准入更加快捷
重庆两江新区	“渝新欧铁路＋整车口岸＋贸易功能区”进口汽车展会模式	进口汽车整车经中欧班列（渝新欧线路）运抵重庆，经重庆铁路汽车整车进口口岸通关，以暂时进境参展的方式转运至重庆保税港区贸易功能区进行展示，形成从欧洲工厂直通展会新模式
陕西西咸新区	国际文创小镇	以“互联网＋文化”为核心，建设集办公、小型会展、创业公寓和配套商业于一体的双创“生态圈”
大连金普新区	关地协同机制	商务、海关、检验检疫、国税等部门建立“定期通报”工作机制，各成员单位指定日常联系和协调工作负责部门，安排专人负责部门间信息互通和工作落实
武汉城市圈	“园区共建、收益共享”开发区共建机制	按产城融合原则实行以园区管委会为主导的合作共建园区的开发建设模式，设立的园区管委会作为乙方政府派出机构，由甲乙两地政府共同管理。乙地依法授予或委托园区管委会行使一级经济社会发展事务管理权限，行使相对独立审批权；甲地将先进的开发建设模式和经营管理理念复制到共建园区。共建双方在“经济托管＋股份合作”模式下，实现收益共享
苏州工业园区	金鸡湖境外投资服务联盟	组织协调境内外有影响力的融资服务机构、律师事务所、会计师事务所、咨询机构、评估机构、投促机构等成立服务联盟，实现政府、中介机构与企业的有效连接，为企业提供更加全面、可靠且与国际惯例接轨的境外投资服务

第二节

坚持主动开放，把开放作为改革发展的内在要求，更加积极主动扩大对外开放

习近平总书记指出，要以更加积极有为的行动，推进更高水平的对外开放，加快实施自由贸易区战略，加快构建开放型经济新体制，以对外开放的主动赢得经济发展的主动，赢得国际竞争的主动。[1] 主动开放是改革开放以来我国快速发展、融入全球经济的宝贵经验，也是建设更高水平开放型经济新体制的内在要求。我国经济正处在转变发展方式、优化经济结构、转换增长动力的攻关期，面临着结构性、体制性、周期性问题相互交织所带来的困难和挑

[1]《习近平在中共中央政治局第十九次集体学习时强调 加快实施自由贸易区战略 加快构建开放型经济新体制》，《人民日报》2014 年 12 月 7 日。

战。新冠肺炎疫情对全球经济造成巨大冲击，逆全球化思潮涌动，外部发展环境总体趋紧。面对复杂形势，更需要克服新冠肺炎疫情带来的不利影响，着眼于推动经济高质量发展，在维护好国家安全的前提下，实施更加积极主动的开放战略，赢得经济发展和国际竞争的主动权。

一、以对外开放的主动赢得经济发展的主动

当前，我国需要在更高层次融入国际循环，汇聚新的要素优势，助力国内供给侧结构性改革，加快形成以国内大循环为主体、国内国际双循环相互促进的新发展格局。这就要求我国更加积极主动地对外开放，有效融入和推动开放型世界经济建设，从而赢得经济发展的主动。

主动开放有助于汇聚新的要素优势。我国经济迈向高质量发展要实现发展方式的转变，从追求速度变成追求质量和效益，经济增长逐步由要素驱动转向创新驱动，产业整体向全球价值链中高端攀升，这对要素供给质量和配置效率提出了更高要求。通过主动开放高水平集聚全球高端要素，全面对接国际高端需求，持续提升我国在全球创新合作中的地位，弥补供给侧短板，提高供给体系的质量和效率，不断推动我国要素结构优化和产业结构转型升级，为经济发展增添新动能。

主动开放有助于推动国内经济体制改革。我国改革仍处于攻

坚期和深水期，需要继续以开放促改革。不仅要通过扩大对外开放促进资本融合、资源融合、市场融合，更重要的是通过制度层面的主动开放为高端要素流动创造便利化环境。这将促进和倒逼国内经济体制改革，使市场在资源配置中起决定性作用，加快转变政府职能，更好发挥政府作用，更好释放改革红利。

二、以对外开放的主动赢得国际竞争的主动

在全球经济增速放缓、国际市场萎缩，我国传统比较优势逐渐弱化，国际竞争愈加激烈的大背景下，需要通过更加主动的开放培育国际竞争新优势，创造良好的外部环境，提升我国在全球治理体系中的话语权，从而以对外开放的主动赢得国际竞争的主动。

主动开放有助于培育竞争新优势。通过进一步提升对外开放水平，改善国内营商环境，加快与国际高标准经贸规则接轨，稳步走出去参与构建全球及区域产业链和分工体系，拓展与世界各国的利益交汇点，才能更好引进高质量生产要素、更充分利用国际资源和市场，有效对冲外部环境趋紧的不利影响，加快培育技术、品牌、质量、服务等竞争新优势，提升我国的国际分工地位。

主动开放有助于创造良好的外部环境。进一步加快主动开放步伐，推动开放型世界经济发展，与世界各国特别是周边国家构建紧密、共赢、灵活的经贸合作网络，对于为我国发展创造良好的外部环境具有重要意义。这就要求我国更加主动地推动建设开放型经济

新体制，和世界主要经济体形成“你中有我”“我中有你”的经济融合关系，为我国提升创新能力和国际分工地位、加快发展开拓更大空间。

主动开放有助于提升我国在全球经济治理中的话语权。当前，世界各国围绕诸多传统议题和新议题的博弈日趋激烈。主动加强与国际经贸规则和国际惯例的协调、对接，逐步形成对内有利于国内经济高质量发展，对外能够得到世界大多数国家肯定的经贸合作规则体系，有助于我国发挥产业门类齐全、市场规模庞大等方面的优势，提升我国在全球经济规则制定中的话语权。

三、维护经济安全是更加主动对外开放的基础

对外开放应始终以国家安全为前提。党的十九大报告提出，坚持总体国家安全观。统筹发展和安全，增强忧患意识，做到居安思危，是中国共产党治国理政的一个重大原则。面对经济全球化条件下各国“一荣俱荣、一损俱损”的新态势，我国在对外开放的同时也必将面临新挑战、新问题。要主动处理好对外开放同维护经济安全的关系，坚持底线思维，注重风险防控和评估，在维护国家安全的前提下扩大对外开放。

主动开放并不意味着完全依赖国外的技术和资源，也不能因为经济全球化的便利而放弃独立自主的发展。在处理对外开放和经济安全的关系的过程中，应牢牢把握自力更生是基础，互学互鉴是推

动力。在影响产业竞争力的核心环节和关键环节不能受制于人。要增强全球配置资源能力，在主动开放中坚持能源资源安全、粮食安全、产业安全、金融安全底线。在主动开放进程中，鼓励企业利用国外市场的同时要注重保障企业利益，妥善处理企业在开拓海外市场过程中面临各类风险，不断拓展多元化出口市场，减少经贸摩擦，既管控好分歧，又维护好国家利益。

第三节

坚持双向开放，把引进来和走出去更好结合起来，拓展经济发展空间

习近平总书记指出，要统筹"走出去"和"引进来"，鼓励国内企业到沿线国家投资经营，也欢迎沿线国家企业到我国投资兴业。双向开放才能实现更好的利益融合。[1] 双向开放是建设更高水平开放型经济新体制的重要内容。对外开放坚持引进来和走出去并重，是开放型经济发展到较高阶段的重要特征，也是更好统筹国际国内两个市场、两种资源，推动国内国际双循环相互促进的有效途径。在此基础上，还要更好统筹协调，实现引进来和走出去联动发

[1]《习近平在推进"一带一路"建设工作座谈会上强调 总结经验坚定信心扎实推进 让"一带一路"建设造福沿线各国人民》，《人民日报》2016 年 8 月 18 日。

展、互促并进。

一、坚持高水平引进来

当前，我国劳动力成本持续攀升、资源环境约束趋紧，原有引资优势相对减弱，同时还面临国际经济合作和竞争格局加速重构的外部环境。引进来需要适应我国加快转变经济发展方式的要求，着力提高引资质量，注重吸收国际投资承载的技术创新能力、先进管理经验，吸引高素质人才。坚持引资引技引智并举，提升利用外资的技术溢出效应，推动我国产业转型升级。

改革开放以来，我国利用外资规模不断扩大（见图 2–1），目前是全球第二大外资流入国。外资在我国经济发展、改革创新和技术进步等方面发挥着积极作用，同时外资结构和区域分布也有进一步优化的空间。要把利用外资同转变经济发展方式、调整经济结构、提升我国在全球价值链中的地位紧密结合起来，顺应国内经济提质增效的需要。要继续完善外资法律法规，保持外资政策稳定、透明、可预期，有效保护外资合法权益，保障内外资企业公平竞争，促进存量外资和增量外资稳定，提高利用外资的综合优势和总体效益。

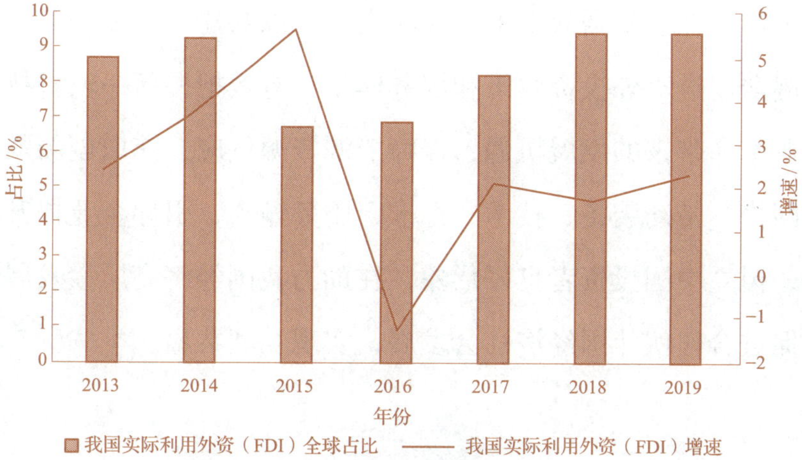

图 2–1 我国吸引外资增速和全球占比

二、推动高质量走出去

走出去是企业拓展发展空间的内在需要，也是统筹利用两个市场、两种资源推动高质量发展的重要途径。经过多年发展，我国已稳居对外投资大国前列（见图 2–2），企业走出去规模和数量稳步提升，结构持续优化。但与高水平对外开放要求相比，还存在质量不够高、效益不够好，合规经营意识有待提升等问题。特别是近年来国际上投资保护主义抬头，一些国家收紧外资审查、筑高投资壁垒，传统和非传统风险交织，我国企业走出去面临的不确定性增多。

党的十九大报告提出，要创新对外投资方式，促进国际产能合作，形成面向全球的贸易、投融资、生产和服务网络。这就要求走出去工作要在提质增效上下更大功夫。要以共建“一带一路”为引领，健全促进对外投资政策和服务体系，有效把握新一轮科技革命和产业革命带来的发展机遇，保障能源资源供应，获取创新资源和营销网络，带动装备、技术、标准、服务输出，引导企业提升合规意识，树立中国投资者良好形象，在助力我国经济高质量发展的同时，促进合作伙伴国经济社会发展，实现互利共赢。

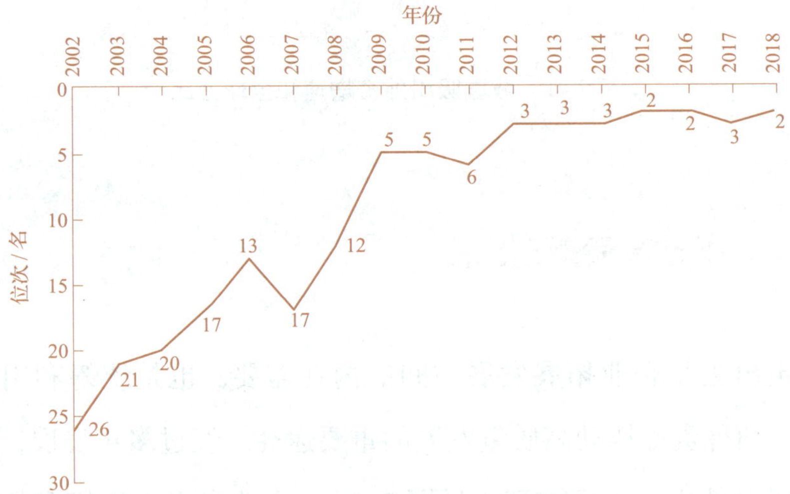

图 2–2　2002—2018 年我国对外直接投资流量在全球的位次

三、更好统筹引进来和走出去

经过 40 多年的改革开放，我国经济逐步由以引进来为主转向引进来和走出去并重的双向开放阶段。坚持引进来和走出去并重，既要注重二者均衡发展，也要加强统筹，推动二者互促并进，为加快形成国内国际双循环相互促进的新发展格局提供更多助力。高水平引进来将提升我国企业技术水平和国际竞争力，为走出去奠定更加坚实的基础。高质量走出去将增加我国企业参与国际分工的深度和广度，拉紧我国企业与世界各国企业的联结纽带，为更多外国企业进入中国市场建立桥梁。更好统筹引进来和走出去，还将促进国际合作模式的创新，推动制度型开放，为我国参与全球经济治理提供更好的条件和基础。

第四节

坚持协同开放，推动形成东西双向互济、陆海内外联动的区域开放格局

习近平总书记指出，要促进沿海内陆沿边开放优势互补，形成引领国际经济合作和竞争的开放区域，培育带动区域发展的开放高地。[1] 要坚持陆海统筹。陆上要依托国际大通道，打造国际经济合作走廊。海上要依托重点港口，建设通畅安全高效的运输大通道。[2] 协同开放是建设更高水平开放型经济新体制的重要内容。我国对外开放由东向西渐次推进，呈现“由点到线、由线到面”的特

[1]《深化改革开放，共创美好亚太》（2013 年 10 月 7 日），《十八大以来重要文献选编》（上），中央文献出版社 2014 年版，第 438 页。
[2]《在推进“一带一路”建设工作座谈会上的讲话》（2016 年 8 月 17 日），《习近平关于社会主义经济建设论述摘编》，中央文献出版社 2017 年版，第 279 页。

征。党的十八大以来，内陆和沿边地区取得长足发展，但总体上还是对外开放的洼地。这就要求进一步巩固东部沿海地区和全国特大城市的开放先导地位，同时加快内陆沿边开放步伐，尤其是加大西部开放力度，并强化陆海统筹、加快建设海洋强国，推动形成东西双向互济、陆海内外联动的区域开放格局。

一、巩固东部沿海地区的开放先导地位

改革开放以来，我国对外开放从东部沿海地区起步，通过设立4个经济特区，开放14个沿海城市，推动3个沿海经济开放区发展，开发开放上海浦东新区等重大开放措施，沿海地区率先发展成为我国建设开放型经济的“龙头”和“模范”，引领着其他地区的开放发展。

随着我国经济发展水平不断提高，劳动力、土地等要素成本持续上升，东部地区依靠低成本优势接入国际分工体系形成的发展模式已不能完全适应国际国内形势变化。这就要求东部地区转变发展思路，加快向价值链高端环节攀升，巩固先进产业高端环节集聚中心地位，形成引领国际合作和竞争的新经济集聚区，发挥集聚创新要素的制度高地作用和新旧动能转换的头雁作用。东部地区要在持续推进商品和要素流动型开放的同时，率先推动规则、规制、管理、标准等制度型开放，构建与高标准全球经贸规则相衔接的国内规则和制度体系，在知识产权保护、政府采购等“边境后贸易规

则”方面先行先试，形成更多有国际竞争力的制度创新成果，打造制度开放高地。

二、加快内陆沿边开放步伐，加大西部开放力度

随着共建“一带一路”倡议加快推进，内陆地区逐渐从开放末梢走向开放前沿，对外开放政策进一步向中西部地区倾斜，形成内陆地区若干开放高地，但仍需在营商环境、基础设施、公共服务、开放平台建设等方面下大力气补短板，通过不同区域间形成产业分工链条的有序承接和转移，引领各区域实现联动发展效应（见表 2–3）。

表 2–3　2013—2019 年我国出台的部分涉及区域开放的政策文件

部分涉及区域开放的政策文件	出台（公布）时间
推动共建丝绸之路经济带和 21 世纪海上丝绸之路的愿景与行动	2015 年 3 月
京津冀协同发展规划纲要	2015 年 4 月
国务院关于支持沿边重点地区开发开放若干政策措施的意见	2016 年 1 月
国务院关于同意设立贵州内陆开放型经济试验区的批复	2016 年 8 月
长江经济带发展规划纲要	2016 年 9 月
西部大开发“十三五”规划	2017 年 1 月
粤港澳大湾区发展规划纲要	2019 年 2 月
长江三角洲区域一体化发展规划纲要	2019 年 12 月
国务院关于同意设立江西内陆开放型经济试验区的批复	2020 年 4 月

当前，我国区域发展不平衡不充分，东部沿海地区在要素集聚和开放水平、营商环境等各方面相对领先于中西部地区，从沿海、沿江到内陆、沿边的全面开放和协调发展格局尚未形成，内陆地区开放步伐有待加快，中西部地区与东部地区在产业配套等硬性条件方面的差距有待缩小。这就要求，加快提升内陆地区营商环境，进一步缩小与东部地区制度开放差距，引导国际资本、人才、技术等要素资源配置向中西部集聚，推进区域协调发展总体战略，实现区域协调开放。加强协同开放，建立东中西部产业转移对接机制，充分发挥中西部地区资源、土地、劳动力等优势，共建项目孵化、人才培养、市场拓展等服务平台，在中西部地区打造若干产业转移示范区，提升承接能力，畅通国内大循环，推动区域协调发展。

三、坚持陆海统筹，充分发挥陆海统筹对海洋强国建设的战略引领作用

从我国经济社会发展格局来看，陆地经济和海洋经济均有很大的发展潜力，陆路运输和海洋运输均占据重要地位。推进对外开放应坚持陆海内外联动，实行区域统筹。陆上，要加快沿边城市开放开发，推进跨境、边境经济合作区建设，加强我国与毗邻国家和地区的经贸投资合作和人员往来，推动我国与周边国家的基础设施互联互通，加快重要跨境铁路、公路、电网、信息网络建设，形成经

济发展的联动效应，促进区域平衡发展。海上，要以沿海城市和主要港口为重要平台，大力发展海洋经济和海洋运输，密切我国与有关国家的航运合作。既要加强海洋经济对陆地经济、特别是腹地经济的带动作用，又要为陆地经济下海、开拓更加广阔的国际市场开辟路径，实现陆路运输与海洋运输相互衔接，陆地经济与海洋经济相互促进，陆地开放与海洋开放相互补充，沿海地区与内陆地区协调发展。要在共建“一带一路”倡议框架下，加快建设西部陆海新通道，推动口岸基础设施建设，畅通陆水联运，促进国际通关、换装、多式联运有机衔接，构建全方位、多层次、复合型的互联互通网络。

第五节

坚持公平开放，构建公平竞争的内外资发展环境，推动各国平等对待中国投资

习近平主席指出，我们将加大放宽外商投资准入，提高便利化程度，促进公平开放竞争，全力营造优良营商环境。[1] 中国的大门对世界始终是打开的，不会关上。开着门，世界能够进入中国，中国也才能走向世界。我们希望，各国的大门也对中国投资者公平敞开。[2] 随着引进来和走出去深入发展，公平开放具有越来越重要的现实意义。公平开放既包括我国给予内外资企业同等待遇，也包括东道国给予中国企业公平待遇。推进公平开放，需要营造内外资企业一视同仁、公平竞争的营商环境，也需要推动世界各国公平对待中国企业。

---

[1]《中国发展新起点 全球增长新蓝图——在二十国集团工商峰会开幕式上的主旨演讲》，《人民日报》2016 年 9 月 4 日。

[2]《共担时代责任，共促全球发展》，《人民日报》2017 年 1 月 18 日。

一、为外资企业提供公平、透明、可预期的市场环境

公平竞争是改善提升营商环境的重要基础，是建设现代市场体系的重要内容，是实现更高水平开放的必然要求。公平开放要求改变过去依靠土地、税收等优惠政策招商引资的做法，通过加强法治建设，给予内外资企业同等待遇，保护外商合法权益，营造公开透明的法律政策环境、高效的行政环境、平等竞争的市场环境，实现各类企业依法平等使用生产要素、自由公平参与市场竞争，激发企业市场活力。尤其是在政府采购、标准制定、资质许可、支持政策、市场监管等方面对内外资企业一视同仁；完善知识产权保护相关法律法规，加强知识产权保护，严厉打击侵权假冒违法犯罪行为，鼓励中外企业开展正常技术交流合作；全面落实准入前国民待遇加负面清单管理制度，外资准入负面清单之外实行内外资统一的市场准入标准。2019 年全球营商环境排名见表 2–4。

表 2–4　2019 年全球营商环境排名前十的经济体及我国内地排名

经济体	总排名	开办企业	办理施工许可证	获得电力	登记财产	获得信贷	保护少数投资者	纳税	跨境贸易	执行合同	办理破产
新西兰	1	1	7	48	2	1	3	9	63	23	36
新加坡	2	4	5	19	21	37	3	7	47	1	27
中国香港	3	5	1	3	51	37	7	2	29	31	45

续表

经济体	总排名	开办企业	办理施工许可证	获得电力	登记财产	获得信贷	保护少数投资者	纳税	跨境贸易	执行合同	办理破产
丹麦	4	45	4	21	11	48	28	8	1	14	6
韩国	5	33	12	2	40	67	25	21	36	2	11
美国	6	55	24	64	39	4	36	25	39	17	2
格鲁吉亚	7	2	21	42	5	15	7	14	45	12	64
英国	8	18	23	8	41	37	7	27	33	34	14
挪威	9	25	22	44	15	94	21	34	22	3	5
瑞典	10	39	31	10	9	80	28	31	18	39	17
中国内地	31	27	33	12	28	80	28	105	56	5	51

资料来源：世界银行《2020年全球营商环境报告》。

二、为我国企业走出去营造良好的外部环境

中国企业走出去不仅有利于国内经济社会发展，也有利于东道国发展经济和改善民生。多年来，许多走出去企业已经深度融入东道国经济，为当地创造就业、贡献税收，成为我国与东道国互利共赢的重要纽带。但同时也应看到，中国企业走出去外部环境日趋严峻，受到不公平、歧视性待遇逐渐增多。一些国家和地区把中国企业符合国际惯例的正常商业行为政治化，通过采取非经济、非市场的措施加以限制阻挠，有的甚至不惜动用国家力量恶意打压中国企业。在此背景下，坚持公平开放，推动建立更加公平、均衡的国际

投资贸易规则和秩序，对于促进中国企业更好走出去、保护企业海外合法权益、维护国家利益具有积极的现实意义。在双边层面，应加强信息沟通和政策协调，推动有关国家在市场准入、安全审查、产权保护、政府采购、争端解决等方面平等对待中国企业，重视企业合理关切，维护企业合法权益。在多边层面，应积极参与国际经贸投资规则制定，发出更多中国声音，促进贸易和投资自由化便利化，为中国企业走出去营造良好的外部环境。

第六节

坚持共赢开放，共建“一带一路”，推动经济全球化朝着更加开放、包容、普惠、平衡、共赢的方向发展

习近平主席指出，“一带一路”建设把沿线各国人民紧密联系在一起，致力于合作共赢、共同发展，让各国人民更好共享发展成果，这也是中方倡议共建人类命运共同体的重要目标。[1] 共建“一带一路”倡议是新时代我国对外开放和经济外交的顶层设计，是破解人类发展难题的中国智慧和中国方案，也是探索全球经济治理新模式、构建人类命运共同体的重要路径，开辟了我国参与和引领全

[1]《在“一带一路”国际合作高峰论坛圆桌峰会上的闭幕辞》，《人民日报》2017 年 5 月 16 日。

球开放合作的新境界，在世界发展史上具有里程碑意义。共建“一带一路”，应以开放为导向，以共赢为重要目标，推动经济全球化健康发展。

一、深化“一带一路”国际合作

当今世界，国际格局深度调整，全球治理体系变革处在历史转折点上。共建“一带一路”倡议顺应时代潮流，适应发展规律，符合各国利益，具有广阔前景。特别是突如其来的新冠肺炎疫情启示我们，各国命运紧密相连，人类是同舟共济的命运共同体。无论是应对疫情，还是恢复经济，都要走合作共赢之路，“一带一路”国际合作可以发挥重要作用。深化“一带一路”国际合作，要坚持共商共建共享原则，与沿线和世界各国共同分享中国发展机遇，努力实现政策沟通、设施联通、贸易畅通、资金融通、民心相通，让大家形成利益共同体、责任共同体、命运共同体，把“一带一路”真正打造成一条和平之路、繁荣之路、开放之路、创新之路和文明之路。要持续深化与沿线和世界各国的贸易投资合作，促进基础设施互联互通，协调政策规则标准联通，拓宽资金融通渠道，加强创新能力开放合作，加强全球治理合作，推动经济全球化朝着更加开放、包容、普惠、平衡、共赢的方向发展。

二、以开放发展为各国创造更广阔的市场和发展空间

我国与世界的关系正在发生深刻变化，我国在国际舞台上的地位和作用大幅提高，同国际社会的联结互动空前紧密。我国是世界开放发展的受益者，也是世界开放发展的贡献者。共建“一带一路”倡议源于中国，但机会和成果属于世界。推进共建“一带一路”，以共商共建共享为基本原则，以开放为导向，不搞封闭排他小圈子，积极发展开放型经济，参与全球治理和公共产品供给，携手构建广泛的利益共同体。维护多边贸易体制，推动自贸区建设，促进贸易和投资自由化便利化。推进共建“一带一路”应聚焦发展这个根本性问题，释放各国发展潜力，实现经济大融合、发展大联动，成果大共享。将我国发展同沿线和世界各国发展结合起来，共同做大经济发展的蛋糕，为沿线和世界各国创造更广阔的市场和发展空间，努力解决经济增长和平衡问题，让世界各国共同享受共建“一带一路”的成果。同时，应不断增强各方的参与感和获得感，寻找与沿线和世界各国更多利益交汇点，以实实在在的合作成果推动构建人类命运共同体。

第三章

党的十八大以来构建开放型经济新体制取得重大进展

党的十八大以来，在党中央的坚强领导下，各地区各部门以习近平新时代中国特色社会主义经济思想为指导，坚持稳中求进工作总基调，推动“一带一路”建设“大写意”初步绘就，对外贸易、利用外资和境外投资质量稳步提升，区域开放布局不断优化，服务开放发展的金融体系逐步形成，开放条件下经济安全保障能力日益增强，开放型经济新体制建设取得重大进展。

第一节

“一带一路”建设扎实推进

2013年以来，共建“一带一路”倡议由理念转化为行动，由愿景转化为现实，政策沟通、设施联通、贸易畅通、资金融通和民心相通扎实推进，国际产能合作和第三方市场合作取得明显成效，重大项目取得积极进展，一批标志性成果逐步形成，参与各国得到了实实在在的好处，对共建“一带一路”的认同感和参与感不断增强。

一、政策沟通

（一）共建“一带一路”倡议载入国际组织重要文件

2015年7月，上海合作组织发表《上海合作组织成员国元首乌法宣言》，支持建设“丝绸之路经济带”倡议。2016年9月，《二十国集团领导人杭州峰会公报》通过关于建立“全球基础设施互联互通联盟”倡议。2016年11月，联合国193个会员国协商一致通过决议，欢迎共建“一带一路”等经济合作倡议。2017年3月，联合国安理会一致通过了第2344号决议，呼吁国际社会通过“一带一路”建设加强区域经济合作，并首次载入“构建人类命运共同体”理念。2018年，中国—拉美和加勒比国家共同体论坛第二届部长级会议、中国—阿拉伯国家合作论坛第八届部长级会议、中非合作论坛北京峰会先后召开，分别形成了中拉《关于“一带一路”倡议的特别声明》《中国和阿拉伯国家合作共建“一带一路”行动宣言》《关于构建更加紧密的中非命运共同体的北京宣言》等重要成果文件。

（二）签署合作文件的国家和国际组织数量逐年增加

在共建“一带一路”框架下，各参与国和国际组织本着求同存异原则，就经济发展规划和政策进行充分交流，协商制定经济合作规划和措施。截至2020年6月，我国已与138个国家和30个国际组织签署200份共建“一带一路”合作文件，签署范围涵盖亚洲、欧洲、非洲、美洲、大洋洲等五大洲大多数国家以及联合国等国际组织。2019年新签署政府间合作文件29份，其中，意大利成为首个与我国签署共建“一带一路”谅解备忘录的七国集团（G7）成员。

（三）共建“一带一路”专业领域对接合作有序推进

我国与埃及、老挝、沙特阿拉伯、塞尔维亚、泰国、土耳其、阿联酋等国家共同发起《“一带一路”数字经济国际合作倡议》。《标准联通共建“一带一路”行动计划（2018—2020年）》稳步落实。与老挝等国共同发起《“一带一路”国家关于加强会计准则合作的倡议》，建立“一带一路”会计审计监管合作机制。“一带一路”税收合作长效机制日趋成熟，截至2019年底，税收协定合作网络延伸至111个国家和地区。建立“一带一路”沿线国家标准信息平台，提供关于35个国家、5个国际和区域标准化组织的标准信息检索服务。发布《共同推进“一带一路”建设农业合作的愿景与行动》《“一带一路”建设海上合作设想》《“一带一路”法治合作国际论坛共同主席声明》等。

二、设施联通

（一）国际经济合作走廊和通道建设取得明显进展

新亚欧大陆桥、中蒙俄、中国—中亚—西亚、中国—中南半岛、中巴和孟中印缅等六大国际经济合作走廊将亚洲经济圈与欧洲经济圈联系在一起，为构建高效畅通的亚欧大市场发挥了重要作用。《中国—中东欧国家合作布达佩斯纲要》《中国—中东欧国家合作索非亚纲要》发布。中蒙俄三国签署《关于建立中蒙俄经济走廊联合推进机制的谅解备忘录》。中国与哈萨克斯坦、乌兹别克斯坦等国的双边国际道路运输协定，以及中巴哈吉、中吉乌等多边国际道路运输协议或协定相继签署，中亚、西亚地区基础设施建设不断完善。中国—东盟（10+1）合作机制、澜湄合作机制、大湄公河次区域经济合作（GMS）发挥的积极作用越来越明显。中巴经济走廊建设取得积极进展，公路、铁路、电力、港口等领域合作深入开展。中缅签署关于共建中缅经济走廊的合作规划，中老签署共建中老经济走廊的合作框架。

（二）基础设施互联互通水平大幅提升

铁路合作方面，匈塞铁路、中老铁路、中泰铁路、雅万高铁等项目建设取得重大进展。中欧班列初步探索形成了多国协作的国际班列运行机制。截至 2019 年底，中欧班列累计开行突破 2.6 万列，综合重箱率达 99.1%。公路合作方面，塞尔维亚 E763 高速公路（奥布雷诺瓦茨—利格段）建成通车。中俄黑河公路大桥、黑山南北高速莫拉契查大桥顺利合龙。卡拉奇—拉合尔高速公路（苏库尔—木尔坦段）全线通车，喀喇昆仑公路二期（高速段）投入运营。港口合作方面，希腊比雷埃夫斯港建成重要中转枢纽，阿联酋哈利法港二期集装箱码头正式开港，巴基斯坦瓜达尔港开通集装箱定期班轮航线。航空运输方面，我国与 127 个国家和地区签署双边政府间航空运输协定。与俄罗斯、泰国等多个国家扩大航权安排。能源设施建设方面，我国与沿线国家签署一系列合作框架协议和谅解备忘录，中俄原油管道、中国—中亚天然气管道稳定运营，中缅油气管道全线贯通，中俄东线天然气管道投产通气。通信设施建设方面，中缅、中巴、中吉、中俄跨境光缆信息通道建设取得明显进展。与国际电信联盟签署《关于加强“一带一路”框架下电信和信息网络领域合作的意向书》。

» 专栏 3-1

希腊比雷埃夫斯港项目

希腊比雷埃夫斯港（以下简称比港）位于雅典西南，岸线总长约 24 公里，陆地面积 272.5 万平方米。2008 年中远海运集团接手后，推动比港实现跨越式发展，港口年吞吐量从 68 万标准箱提升至 2019 年 565 万标准箱，全球排名从第 93 位跃升至第 25 位，成为地中海第一大港。2020 年 1—5 月，中远海运集团“一手抓防疫，一手抓生产”，推动比港完成集装箱吞吐量 228 万标准箱，同比增长 0.34%。

比港连通中欧陆海快线和匈塞铁路直达中东欧腹地，是“21 世纪海上丝绸之路”通往中东欧的门户。截至 2019 年底，项目累计为当地直接创造工作岗位 3 100 多个，间接创造工作岗位 1 万多个。2019 年 11 月习近平主席在参观比港时指出，比雷埃夫斯港项目是中希双方优势互补、强强联合、互利共赢的成功范例。

比雷埃夫斯港码头

资料来源：《习近平和希腊总理米佐塔基斯共同参观中远海运比雷埃夫斯港项目》，《人民日报》2019年11月13日。

» 专栏 3-2

中老铁路项目

中老铁路是中老两国共建“一带一路”的标志性项目，也是第一个以中方为主投资建设运营、与中国铁路网直接连通的境外铁路项目，全线采用中国技术标准和中国设备。项目由两国边境磨憨—磨丁口岸进入老挝后，向南到达老挝首都万象，全长414公里，时速160公里，中老双方按70∶30股比合资建设，于2015年12月3日奠基，2016年12月25日全线开工，计划2021年底开通，未来还将与泰国铁路网连通。项目建成后，将助力老挝实现由“陆锁国”变“陆联国”的目标，带动老挝经济社会发展，惠及沿线广大民众，也将为中国西南地区经济发展注入新的动力。

中老铁路

》专栏 3-3

中俄东线天然气管道项目

中俄东线天然气管道项目是中俄重大能源合作项目，由中石油与俄罗斯天然气工业股份公司合作实施。境内新建管道长度 3 371 公里，设计输气量 380 亿立方米 / 年，与俄西伯利亚管道连通，管道境内段起自黑龙江黑河市，止于上海市，途经 9 个省（区、市）。2019 年 12 月 2 日，在两国元首见证下，项目通过视频连线举行投产通气仪式。该项目为我国东北、环渤海、长江三角洲地区（以下简称“长三角”）提供了稳定、清洁、优质的天然气资源。中国

中俄东线天然气管道施工现场

每年因此可减少二氧化碳排放量1.42亿吨、二氧化硫排放量182万吨，惠及沿线4亿多人口，对于完善俄远东地区基础设施建设，加强中俄两国发展战略对接具有积极作用。

三、贸易畅通

（一）贸易与投资自由化便利化水平不断提升

贸易投资促进平台作用凸显，中国国际进口博览会、中国进出口商品交易会、中国国际服务贸易交易会、中国国际投资贸易洽谈会等国家级展会平台质量和影响力不断提升。在2018年成功举办首届中国国际进口博览会的基础上，2019年又成功举办第二届博览会，181个国家、地区和国际组织参会，3 800多家企业参展，超过50万名境内外专业采购商到会洽谈采购，按一年计，累计意向成交711.3亿美元，比首届增长23%。截至2020年7月底，已与12个国家建立贸易畅通工作组，推动与40个国家建立对外投资合作工作组；与哈萨克斯坦、塔吉克斯坦、吉尔吉斯斯坦、越南、蒙古等邻国相继开通7条边境口岸农副产品快速通关“绿色通道”。

（二）贸易投资规模持续扩大

2014—2019年，我国与“一带一路”沿线国家贸易值累计超过44万亿元人民币，年均增长达到6.1%。2019年与沿线国家进出口总额达到9.27万亿元人民币，同比增长10.8%，高出外贸整体增速7.4个百分点，占进出口总值近30%，占比较2018年提升2个百分点。截至2019年底，与42个国家（地区）签订经“认证的经营者”（AEO）互认安排，其中包括18个“一带一路”沿线国家。2013—2019年，我国吸引“一带一路”沿线国家外商直接投资累计超过500亿美元，我国企业对“一带一路”沿线国家的直接投资存量超过1 100亿美元。

（三）贸易方式创新进程加快

跨境电子商务等新业态、新模式正成为推动贸易畅通的重要新生力量。2019年，通过中国海关跨境电子商务管理平台零售进出口商品总额达1 862亿元人民币，同比增长38%。“丝路电商”合作蓬勃兴起，截至2019年底，与22个国家建立双边电子商务合作机制，与14个国家建立服务贸易双边合作机制，推动达成《金砖国家服务贸易合作路线图》《中国—中东欧国家服务贸易合作倡议》。

四、资金融通

（一）多边金融合作支撑作用显现

与俄罗斯、英国、印度尼西亚、新加坡、阿根廷等国财政部核准《“一带一路”融资指导原则》。与国际金融公司（世界银行集团所属）、泛美开发银行、非洲开发银行和欧洲复兴开发银行等多边开发机构开展联合融资。2017 年 11 月，中国—中东欧银行联合体成立，成员包括中国、匈牙利、捷克、斯洛伐克、克罗地亚等 14 个国家的金融机构。2018 年 7 月、9 月，中国—阿拉伯国家银行联合体、中非金融合作银行联合体成立，建立了中国与阿拉伯国家之间、中国与非洲国家之间的首个多边金融合作机制。

（二）金融机构合作水平不断提升

随着共建“一带一路”倡议的实施，我国政策性出口信用保险覆盖面不断拓宽，在支持基础设施、重要产业的建设上发挥了独特作用；商业银行在多元化吸收存款、公司融资、金融产品、贸易代理、信托等方面的优势得以发挥。截至 2019 年底，中国出口信用保险公司累计支持对沿线国家的出口和投资超过 8 100 亿美元。中国银行、中国工商银行、中国农业银行、中国建设银行等中资银行与沿线国家建立了广泛的代理行关系。

（三）金融市场体系建设日趋完善

与沿线国家长期稳定、互利共赢的金融合作关系持续深化，各类创新金融产品不断推出，大大拓宽了共建“一带一路”的融资渠道。银行间债券市场对外开放程度逐步提升，截至 2020 年 5 月，熊猫债发行规模已超过 4 000 亿元人民币。证券期货交易所之间的股权、业务和技术合作稳步推进。上海证券交易所、德意志交易所集团、中国金融期货交易所共同出资成立中欧国际交易所。上海证券交易所与哈萨克斯坦阿斯塔纳国际金融中心管理局签署合作协议，共同投资建设阿斯塔纳国际交易所。

（四）金融互联互通不断深化

截至2019年底，已有11家中资银行在29个沿线国家设立80家一级机构；23个沿线国家的51家银行在华设立机构，包括7家法人银行、19家外国银行分行和35家代表处。已有113个沿线国家和地区开通银联卡业务，38个开通银联移动支付服务。截至2020年6月底，先后与29个沿线国家建立双边本币互换安排。14个国家的33家大型金融机构签署接受《“一带一路”绿色投资原则》。人民币国际化稳步推进，截至2020年6月底，294家沿线国家金融机构参与人民币跨境支付系统（CIPS），实际业务覆盖69个沿线国家和地区的近千家银行，通过CIPS系统清算的沿线国家和地区的跨境人民币业务累计超过20万亿元人民币。

五、民心相通

（一）文化交流形式多样

与希腊、俄罗斯、埃及、尼泊尔、南非、中东欧、东盟等国家和地区共同举办文化年活动，形成了“丝路之旅”“中非文化聚焦”等10余个文化交流品牌，在全球47个国家设立了40个中国文化中心和20个旅游办事处。发起成立“一带一路”新闻合作联盟、国际智库合作委员会、纪录片学术共同体，发起丝绸之路青年学者资助计划、“一带一路”图书馆合作项目、版权贸易合作计划等倡议，共同打造“一带一路”经济信息共享网络、中国—阿拉伯广播电视联盟、“一带一路”共建国家出版合作体、丝绸之路电视国际合作共同体等。

（二）教育科技合作持续拓展

实施“丝绸之路”中国政府奖学金项目，2019年共资助沿线国家近4.2万名学生。支持583人次沿线国家科学家来华交流，培训1 500余名技术人员，组织实施79项“一带一路”研究领域相关人才引进项目。在葡萄牙、吉布提等国新建一批“鲁班工坊”，中国—赞比亚职业技术学院正式开学，“中文+职业技能”项目启动实施。发起成立“一带一路”国际科学组织联盟（ANSO），已有52家成员单位。

（三）旅游合作逐步扩大

与多个国家共同举办旅游年，创办丝绸之路旅游推广联盟、海上丝绸之路旅游推广联盟、“万里茶道”国际旅游联盟等旅游合作机制。截至2020年6月底，在已与我国签订共建“一带一路”合作文件的138个国家中，已有119个国家与我国缔结涵盖不同种类护照的互免签证协定，特别是与塞尔维亚、毛里求斯、塞舌尔、白俄罗斯、阿联酋、卡塔尔、亚美尼亚等15个国家达成的涵盖普通护照的全面互免签证协定具有标志性意义。此外，我国已与25个共建“一带一路”国家达成简化签证手续协定或安排，如与以色列等国为商务、旅游人员互发10年多次签证等。2019年中国出境旅游人数超过1.5亿人次，到中国旅游的外国游客也越来越多，日本、越南、新加坡等国成为中国主要客源市场。

（四）卫生健康合作不断深化

与蒙古、阿富汗等国，世界卫生组织等国际组织，比尔及梅琳达·盖茨基金会等非政府组织相继签署56个推动卫生健康合作的协议。在冈比亚、纳米比亚、牙买加等国开展“光明行”，免费治疗白内障患者；在加纳、坦桑尼亚、柬埔寨等国开展“爱心行”儿童先天性心脏病手术义诊。新冠肺炎疫情暴发后，积极开展国际抗疫合作，深化与有关国家在溯源、药物、疫苗、检测等方面的科研合作，向20多个国家派出29支医疗专家组，向150多个国家、地区和国际组织捐赠防疫物资，在保障国内需求的基础上，想方设法为各国采购防疫物资提供支持。

六、产业合作

（一）国际产能合作深入开展

合作共识不断凝聚。截至2020年6月，已与哈萨克斯坦、马来西亚、阿联酋、埃塞俄比亚、巴西等41个国家签署产能与投资合作文件，与东盟、非盟等区域组织开展产能与投资合作对接，国际产能合作“朋友圈”不断扩大。

重大项目有序推进。马来西亚关丹钢铁项目建成投产，采用“华龙一号”技术的巴基斯坦卡拉奇核电项目建设稳步开展，匈塞铁路匈牙利段进入开工阶段，中老铁路取得明显进展，肯尼亚蒙内铁路实现盈亏平衡，莫桑比克万宝农业开发项目实现稳产丰收，有力带动我国优质技术、装备、产品和服务走出去。

互利共赢成果显著。在塞尔维亚，河钢集团2016年收购斯梅代雷沃钢厂后，通过短短三年时间便使濒临倒闭的钢厂扭亏为盈，当地失业率锐降，“一座钢厂重生，幸福了一座城”。2018年境外中资企业向东道国缴纳各种税金总额594亿美元，创造就业机会超过187万个，为东道国完善基础设施、加快产业发展、扩大就业机会、改善民生福祉作出了实实在在的贡献。

» 专栏 3-4

塞尔维亚斯梅代雷沃钢厂项目

斯梅代雷沃钢厂始建于1913年，具备200万吨/年钢铁配套生产能力。河钢集团于2016年6月收购斯梅代雷沃钢厂后，坚持“利益本地化、用人本地化、文化本地化”原则，陆续引进河钢集团26项专有技术，迅速提升了该厂产品竞争力。该厂2018—2019年连续两年成为塞尔维亚第一大出口企业，累计带动上下游企业2万余人稳定就业，将当地失业率由18%降至6%，取得显著的经济和社会效益。同时，河钢集团在塞尔维亚积极履行社会责任，坚持投入资金用于改善员工福利、道路修建、军烈属家庭补助、捐资助学等，不断加深中塞两国人民友谊。

斯梅代雷沃钢厂生产线

（二）第三方市场合作加快拓展

合作共识不断增进。自2015年中国与法国发布第三方市场合作联合声明以来，截至2020年6月，中国已与意大利、日本、新加坡、英国等14个国家签署关于第三方市场合作的谅解备忘录或联合声明（见表3-1），在此基础上建立合作机制，共同为企业深化务实合作创造有利条件。2019年9月国家发展改革委发布《第三方市场合作指南和案例》，鼓励企业创新合作模式，积极开展第三方市场合作。

表3-1 已签署的第三方市场合作文件（截至2020年6月）

序号	国家	签署文件
1	澳大利亚	《关于开展第三方市场合作的谅解备忘录》
2	奥地利	《关于开展第三方市场合作的谅解备忘录》
3	比利时	《关于在第三方市场发展伙伴关系与合作的谅解备忘录》
4	加拿大	《关于开展第三方市场合作的联合声明》
5	法国	《关于第三方市场合作的联合声明》
		《中法第三方市场合作示范项目清单》
6	意大利	《关于开展第三方市场合作的谅解备忘录》
7	日本	《关于中日企业开展第三方市场合作的备忘录》
8	荷兰	《关于加强第三方市场合作的谅解备忘录》
9	葡萄牙	《关于加强第三方市场合作的谅解备忘录》
10	韩国	《关于开展第三方市场合作的谅解备忘录》

续表

序号	国家	签署文件
11	新加坡	《关于开展第三方市场合作的谅解备忘录》
		《关于加强中新第三方市场合作实施框架的谅解备忘录》
12	西班牙	《关于加强第三方市场合作的谅解备忘录》
13	瑞士	《关于开展第三方市场合作的谅解备忘录》
14	英国	《关于开展第三方市场合作的谅解备忘录》

注：按国家英文名首字母排序。

合作主体更加多元。参与第三方市场合作的主体，既有金融企业，也有非金融企业；既有国有企业，也有民营企业，还有合资企业；既有中国企业、发达国家跨国企业，也有项目所在国的本地企业，还有国际金融机构。这充分体现了第三方市场合作的开放包容、多元共赢。

合作平台加快构建。相继建立并运行中法第三方市场合作指导委员会、中新（加坡）第三方市场合作工作组等工作机制。成功举办中日（本）、中意（大利）、中奥（地利）等一系列第三方市场合作论坛，通过这些合作平台，引导中外企业通过联合竞标、共同投资等多种方式做大合作蛋糕、分担合作风险。以 2018 年 10 月首届中日第三方市场合作论坛为例，两国地方政府、企业、金融机构之间签署 50 余项合作协议，涉及基础设施、物流、金融等多个领域，协议金额超过 180 亿美元。

合作成效逐步显现。与法国、奥地利等国政府部门签署重点关注和推动的第三方市场合作项目清单。在各方共同努力下，中日泰曼罗高铁等示范项目扎实推进，俄罗斯亚马尔液化天然气、埃塞俄比亚吉布3水电站等一批高标准、惠民生、可持续的重大合作项目顺利建成，中方企业、外方企业、项目所在国企业和民众等相关方都从中获益。第三方市场合作已经成为各方集思广益、尽施所长、惠及彼此的重要途径。

》专栏 3-5

东方电气与意大利企业合作建设埃塞俄比亚吉布3水电站项目

吉布3水电站项目位于埃塞俄比亚南方州奥莫河上，为梯级开发的第三级电站，总装机容量187万千瓦，是东方电气与意大利企业共同承建的第三方市场合作项目。2015年10月，项目首台机组正式并网发电，2016年8月底，最后一台机组投运。项目不仅有效缓解了当地电力短缺的情况，促进了当地经济发展和民生改善，也为埃塞俄比亚提供了大量可供出口的电力，使其获得可观的外汇收入。项目建设期间，中方对大量当地工程师进行了实地培训，为当地紧缺电力人才的培养作出重要贡献。

吉布 3 水电站外景

》专栏 3-6

俄罗斯亚马尔液化天然气项目

俄罗斯亚马尔液化天然气项目是由中石油、丝路基金、法国道达尔、俄罗斯诺瓦泰克公司共同实施的特大型液化天然气（LNG）一体化项目。项目共有四条生产线，年产能合计 1 740 万吨。前三条生产线已于 2018 年 11 月全面竣工，较计划提前一年，作为中外方企业在第三方市场联合开展的特大型油气合作项目，亚马尔 LNG 项目为人类在北极圈内建设超级 LNG 工厂提供了参考范本，同时也为俄罗斯创造了超过 10 万个就业岗位。项目配套建设的萨别塔国际机场和港口将俄罗斯北极地区与世界各地连接起来，有力带动了俄罗斯船运、保险、金融等相关产业发展和极地资源开发，推动了北极东北航道的使用，大幅缩短了航程，降低了物流成本，为亚太和欧洲乃至世界物流带来便利。

亚马尔液化天然气项目厂区

第二节

对外贸易稳中提质

贸易高质量发展战略深入实施，货物贸易转型升级步伐加快，服务贸易效益和规模稳中有进，贸易自由化和便利化水平显著提升，贸易促进体系逐步完善，全球自贸区网络不断拓展，对外贸易高质量发展取得明显成效。

一、货物贸易加快转型升级

（一）多年保持货物贸易第一大国地位

2013 年我国超越美国成为全球货物贸易第一大国，此后除 2016 年下降至全球第二外，其余年份我国一直保持全球货物贸易第一大国地位。2013—2019 年，我国货物贸易进出口额年平均增速为 3.4%。2019 年，我国货物进出口总额达 31.5 万亿元人民币，比 2013 年增长 22.2%；其中，出口额增长 25.6%，进口额增长 18.3%（见图 3–1），进出口差额增长 81.1%。

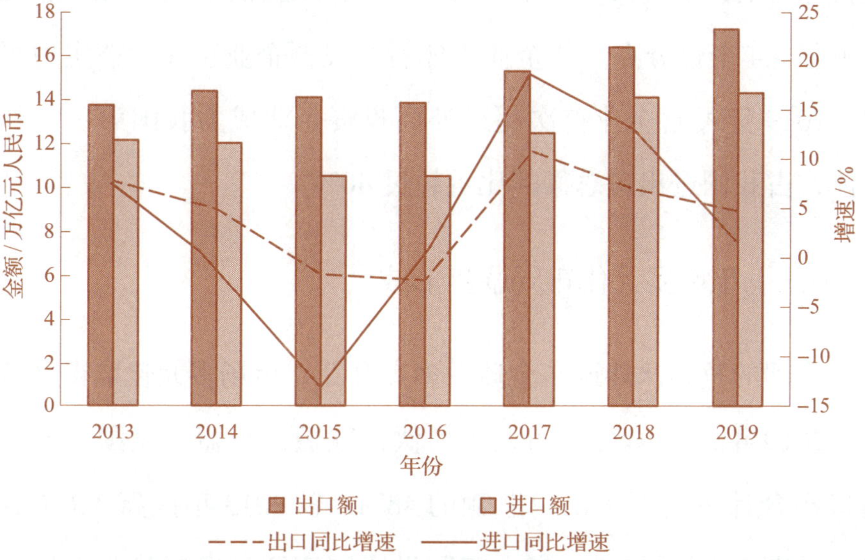

图 3–1　2013—2019 年我国货物贸易情况

资料来源：商务部网站。

（二）外贸结构持续优化

从出口产品结构看，我国外贸企业加快自主创新，推动了高技术、高附加值产品出口。据海关总署数据，2019 年我国机电产品出口额达 10.06 万亿元人民币（1.46 万亿美元），占我国出口总额的 58.4%，较 2013 年提高 1.1 个百分点；高新技术产品出口额达

5.04 万亿元人民币（0.73 万亿美元），占我国出口总额的 29.3%，较 2013 年提高 0.6 个百分点。从贸易方式看，2019 年一般贸易进出口 18.61 万亿元人民币（2.7 万亿美元），占我国进出口总额的 59%，较 2013 年提高 6.2 个百分点；加工贸易进出口 7.95 万亿元人民币（1.15 万亿美元），占我国进出口总额的 25.2%，较 2013 年下降 7.4 个百分点。从企业主体看，民营企业正在发挥主力军作用。2019 年民营企业首次超过外商投资企业成为我国第一大外贸主体，占我国进出口总额的比重超过 40%。

（三）市场多元化布局逐步形成

我国的贸易伙伴遍布全球、多点开花，市场多元化取得显著成效。2019 年，我国对前四大贸易伙伴欧盟、东盟、美国、日本进出口额合计占同期进出口总额的 48%，较 2013 年提高 3.9 个百分点（见图 3–2）。与“一带一路”沿线国家贸易发展势头良好，合作潜力不断释放，正在成为拉动我国外贸发展的新动力。2019 年我国对“一带一路”沿线国家进出口额达 9.27 万亿元人民币。对拉丁美洲、非洲进出口额分别增长 8.0% 和 6.8%，增速分别高于进出口总体增速 4.6 个和 3.4 个百分点，分别占进出口总额的 6.9% 和 4.6%。

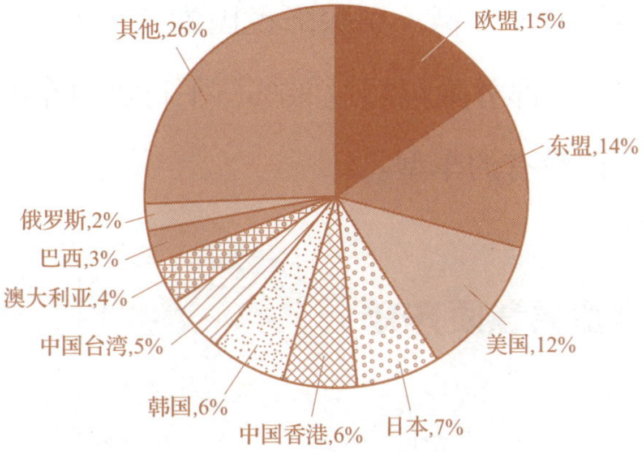

图 3-2 2019 年我国对主要贸易伙伴进出口额占比

资料来源：商务部网站。

（四）扩大进口取得积极成效

我国主动扩大进口和向世界开放市场，多次下调进口关税，取消部分药品进口关税，出台了大力支持先进技术、重要装备和关键零部件进口，完善汽车平行进口等促进政策。2013—2019 年，我国货物贸易进口总额年均增长 2.8%。2019 年，我国原油、铁矿砂等大宗商品进口数量较 2013 年分别增长 79.4%、30.5%。此外，2019 年消费品进口额同比增长 14.2%，其中水果、化妆品、水海产品、医药品进口额大幅增长，分别达到 39.8%、38.8%、37.6% 和 25.8%；电动载人汽车进口增长 1.2 倍；人用疫苗进口增长近 90%。近 5 年来，汽车平行进口试点范围逐步扩大，相关政策措施不断完善，试点工作取得积极成效，形成一批可复制可推广经验，有效满足多样化多层次消费需求。截至 2019 年 7 月底，各地试点企业累计平行进口汽车 41.8 万辆，剔除降税因素，大部分中高端车型价格下降 15% 以上，部分降幅超过 30%，平行进口车型超过 200 款，有 50 多款是国内没有的车型。

二、服务贸易量质齐升

（一）服务贸易大国地位继续稳固

服务贸易稳中向好势头持续巩固，贸易规模不断扩大，贸易地位稳步提升。2013 年我国服务贸易规模居世界第三位，占世界服务进出口总额的 5.6%；2014—2019 年我国服务贸易规模连续 6 年位居世界第二位。2019 年我国服务贸易总额达 54 152.9 亿元人民币（见图 3–3），较 2013 年增长 45.4%，约占世界服务进出口总额 6.6%。其中，出口额为 19 564 亿元人民币、进口额为 34 588.9 亿元人民币，较 2013 年分别增长 34.7%、52.3%。

（二）知识密集型服务贸易快速增长

随着数字经济蓬勃发展，创新驱动战略深入推进，制造业与服务业加速融合，信息技术国际竞争力不断提升，有力带动了保险、金融、电信计算机和信息服务、知识产权使用费等服务贸易发展。2019 年我国知识密集型服务贸易额达 18 777.7 亿元人民币，占我国服务贸易总额的 34.7%，较上年提升 2.5 个百分点。其中，出口额 9 916.8 亿元人民币，同比增长 13.4%，占服务出口总额的比重达 50.7%；进口额 8 860.9 亿元人民币，同比增长 8.0%，占服务进口总额的比重达 25.6%。

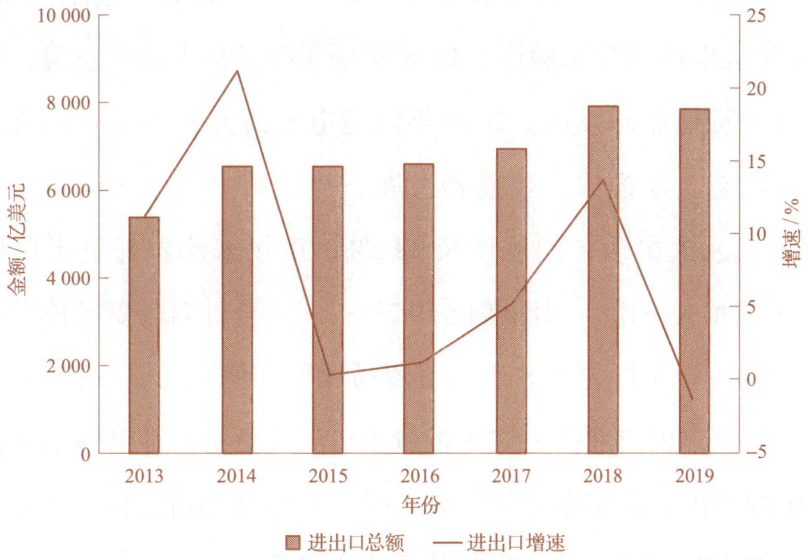

图 3–3　2013—2019 年我国服务贸易情况

资料来源：商务部网站。

（三）服务外包成为生产性服务出口的主要方式

2019 年我国承接离岸服务外包执行额 968.9 亿美元，较 2013 年增长 75.3%。其中，信息技术外包（ITO）、业务流程外包（BPO）和知识流程外包（KTO）执行额占比分别为 44.1%、18.1% 和 37.8%；工程技术服务、检验检测、医药和生物技术研发服务、工业设计同比分别增长 10.7%、17.5%、13% 和 12.8%。

（四）贸易新业态、新模式正在成为增长的新引擎

科技创新、制度创新、模式和业态创新持续强化外贸竞争新优势。通过建设17家服务贸易创新试点、31个服务外包示范城市、105个跨境电商综合试验区、14家市场采购贸易方式试点等，扎实推进新兴贸易业态发展。2019年跨境电子商务、市场采购贸易等外贸新业态、新模式保持蓬勃发展态势。其中，跨境电商进出口1 862.1亿元人民币，同比增长38.3%；市场采购贸易进出口额达5 629.5亿元人民币，同比增长19.7%；二者合计对外贸整体增长贡献率近14%。先行先试8个加工贸易保税维修项目，支持10个省市开展二手车出口业务并实现批量出口。外贸对产业升级引领促进作用更加突出，众多企业加大研发投入，持续创新，自主开拓多元化市场能力明显增强，国际竞争力持续提升。

三、贸易自由化便利化水平不断提升

（一）关税水平大幅降低，服务贸易市场准入进一步放宽

我国部分商品进口关税大幅降低，关税总水平由加入WTO时的15.3%降至2018年11月1日起的7.5%。自2019年7月1日起，再对298项信息技术产品的最惠国税率实施第四步降税。服务贸易领域市场准入大幅放宽，加入WTO时我国承诺开放九大类100个分部门，

“十三五”时期已不同程度开放到120多个部门，农业、制造业开放深化，金融、研发、电信、教育、医疗、文化等服务领域开放步伐加快。

（二）服务效能和监管水平提高

多次开展促进跨境贸易便利化专项行动。通过深化“放管服”改革，通关一体化、国际贸易“单一窗口”建设水平不断提高。《中国贸易便利化年度报告（2020）》指出，2019年中国贸易便利化指数为76.93（百分制）。2017年启动的中国国际贸易“单一窗口”标准版的建设与推广以及“关检融合”，使通关单证、流程、自动化以及内部边境机构合作等方面指标明显提升。港口单位公布口岸作业时限制度全面落实。引导班轮公司合理调整海运收费价格结构。收费目录清单制度进一步完善，精简收费项目，加强对口岸环节违法违规乱收费等问题整治。此外，梳理优化海关和原检验检疫进口商品监管业务流程，不断提升作业效能，营造稳定、公平、透明的外贸营商环境。世界银行《2020年营商环境报告》显示，我国跨境贸易指标排名为56位，较上年（65位）提升了9位。

四、贸易政策促进体系不断完善

（一）促进外贸稳定增长

先后出台《关于支持外贸稳定增长的若干意见》（2014年）、

《关于促进进出口稳定增长的若干意见》(2015年)、《关于促进外贸回稳向好的若干意见》(2016年)、《关于扩大进口促进对外贸易平衡发展的意见》(2018年)等促进外贸稳定增长政策。主要举措：一是调整完善财税政策。坚决清理和规范进出口环节收费，优化出口退税率结构，降低进口关税。2018年，我国两次提高部分产品出口退税率，并主动降低药品、汽车及其零部件、日用消费品等进口关税。自2020年1月1日起，我国对850余项商品实施低于最惠国税率的进口暂定税率，7月1日起，还对176项信息技术产品的最惠国税率实施第五步降税。二是切实改善融资服务。通过差别准备金、利率、再贷款、再贴现等政策，引导金融机构加大对小微企业的支持力度。进一步扩大短期出口信用保险规模，加大对中小微企业及新兴市场开拓的支持力度。三是完善人民币汇率市场化形成机制。保持人民币汇率在合理均衡水平上基本稳定，帮助企业规避汇率风险。进一步提高跨境贸易人民币结算的便利化水平，扩大结算规模。四是为应对新冠肺炎疫情出台系列稳外贸政策措施。通过用足用好出口退税政策、扩大出口信贷投放、进一步扩大短期出口信用保险覆盖面的方式加大对外贸支持力度。

(二)推动服务贸易政策创新

不断完善服务贸易政策促进体系，有利于服务贸易创新发展的制度环境更加健全。一是优化政策框架。2014年以来，国务院先后印发《关于加快发展对外文化贸易的意见》《关于促进服务外包产业加快发展的意见》《关于加快发展服务贸易的若干意见》等文件。2016年出台《服务出口重点领域指导目录》，2019年修订《鼓励进口服务目录》《服务外包产业重点发展领域指导目录（2018年版）》等文件。二是不断完善知识产权保护体系。积极推进专利法、商标法修改，大幅提高违法成本，同时推动与世界知识产权组织、WTO等国际组织及“一带一路”沿线国家和地区的知识产权合作。三是推动自然人流动便利化。颁布实施《外国人永久居留证件便利化改革方案》，大幅降低外国人居留门槛。四是放宽金融领域外资市场准入限制。逐步取消银行、证券公司、基金管理公司、期货公司、人身险公司等金融领域外资限制。五是加大减税降费力度，降低企业成本，对12种服务出口实行零税率政策。

五、全球自贸区网络不断拓展

（一）自贸区成为我国新一轮全球化布局的重要路径

我国加快实施自贸区战略，提出了建设立足周边、辐射“一带一路”、面向全球的高标准自贸区网络，自贸区建设加速发展，布局逐步完善。我国在扩大自贸区网络的过程中，遵循“全面规划、突出重点”的指导原则，加快建立与周边国家的自贸区平台，特别是将亚太地区作为自贸区建设重点区域。同时，通过以建构亚太自贸区（FTAAP）为长远目标，围绕共建“一带一路”倡议，切实促进亚太区域经济一体化的快速发展。

（二）自贸区成为区域经贸合作的重要平台

截至 2019 年底，我国与 25 个国家和地区达成 17 个自贸协定，涉及欧洲、亚洲、大洋洲、南美洲和非洲。2019 年我国与上述国家和地区的进出口额占比达 26% 以上。区域全面经济伙伴关系协定（RCEP）15 国已结束全部文本谈判及实质上所有市场准入谈判，如顺利签署将标志着我国自贸区战略取得重大突破。

第三节

外商投资管理体制改革持续深化

借鉴国际通行规则、立足新时代国情，我国对外商投资管理体制进行了重大改革。新的外商投资基础性法律出台，准入前国民待遇加负面清单管理制度全面实施，对外开放水平大幅提高，新时代外商投资促进、保护、管理等基本制度确立，国际化、法治化、便利化的营商环境加快形成。

一、外商投资法及配套法规出台实施

（一）外商投资法律制度体系进一步完善

1979 年以来，我国先后制定了中外合资经营企业法、外资企业法和中外合作经营企业法，也就是通常所说的“外资三法”，为我国经济持续发展、积极利用外资发挥了重要作用。随着我国社会主义市场经济体制的不断完善、改革开放的深入推进，“外资三法”越来越难以适应构建开放型经济新体制、推动形成全面开放新格局的要求。习近平总书记多次强调，要加快统一内外资法律法规，制定新的外资基础性法律。2019 年 3 月 15 日，《中华人民共和国外商投资法》经十三届全国人大二次会议审议通过，以第 26 号主席令予以公布。2019 年 12 月，《中华人民共和国外商投资法实施条例》以第 723 号国务院令公布。二者于 2020 年 1 月 1 日起同步施行，奠定了新时代促进、保护、管理外商投资的基本制度，对于推进外商投资领域国家治理体系和治理能力现代化具有十分重要的意义。

专栏 3-7

新的外商投资基础性法律

《中华人民共和国外商投资法》共包括 6 章 42 条，第一章是总则，第二章、第三章、第四章是外商投资基本制度，第五章和第六章是法律责任和附则。外商投资法系统总结了改革开放以来利用外资成功经验，以开放发展理念为指导，着眼更高水平对外开放，对接国际通行投资规则，确定利用外资大政方针，建立了外商投资基本制度，提升了营商环境法治化水平。

（二）坚持对外开放不动摇

外商投资法提出，国家坚持对外开放的基本国策，实行高水平投资自由化便利化政策，对外商投资实行准入前国民待遇加负面清单管理制度。外商投资法实施条例细化了外商投资法确定的主要法律制度。这是我国首次将对外开放这一基本国策以及准入前国民待遇加负面清单管理制度写入法律，以法律法规来推进制度型开放，保障开放措施将得到有效实施。

（三）更加突出内外资企业公平待遇

外商投资法及配套法规既融入了我国改革开放40多年的宝贵经验，又借鉴吸收了国际通行的投资规则，充分体现了对内外资企业一视同仁、平等对待的理念，在外商高度关注的政策适用、政府采购、标准制定、行政审批等领域，既提出公平竞争的要求，又作出了具体规定，保障外商投资企业在生产经营各环节享有与内资企业同等待遇。

（四）全面提升外商投资便利化水平

外商投资法及配套法规规定，各级政府应当提高外商投资服务水平，有关部门应编制公布外商投资指引为投资者提供服务和便利，同时明确外商投资企业在中国境内的出资、利润等可依法自由汇入汇出。外商投资法及配套法规进一步深化了外商投资管理体制改革，取消了外资企业设立及变更的审批和备案管理制度，并明确外资企业组织形式、活动准则统一适用公司法、合伙企业法规定。

（五）全面加强外商投资合法权益保护

外商投资法及配套法规规定，出于公共利益需要对外国投资者的投资进行征收的，应当按照被征收投资的市场价值及时给予补偿。外商投资法及配套法规进一步加大了对知识产权侵权行为的惩处力度，明确禁止行政机关利用行政手段强制转让技术，为解决"新官不理旧账"问题，规定地方政府应当承担践约守诺义务。为切实维护外商投资合法权益，外商投资法及配套规定还专门要求建立健全外商投资企业投诉工作机制。

» 专栏 3-8

半导体龙头 SK 海力士加大在中国投资力度

SK 海力士半导体（中国）有限公司是江苏省最大的外商投资项目，自 2005 年在无锡综合保税区设立以来，累计投资180亿美元。其中，自2012年以来，一工厂共进行两次技术升级，2017年开始二工厂投资，投资总额达110亿美元，年进出口额由2012年的13.6亿美元增至2019年的64亿美元，实现了资本、产能、技术、利润的同步快速增长，为无锡加快新兴产业发展、实现产业转型升级作出了重要贡献，促进了我国半导体产业发展。

SK海力士半导体（中国）有限公司

二、外商投资准入前国民待遇加负面清单管理制度更加健全

（一）出台外商投资准入负面清单

2013 年上海自贸试验区运行，试点第一张外商投资准入负面清单，为探索负面清单模式提供了有益经验。2017 年，根据党中央、国务院部署，国家发展改革委会同商务部等部门以负面清单模式修订《外商投资产业指导目录（2017 年修订）》，首次提出全国范围实施的外商投资准入负面清单。2018 年，全国外商投资准入负面清单从目录中独立出来发布，统一列出股权要求、高管要求等外商投资准入方面的限制性措施，完善了负面清单管理的基本规则，为实施准入前国民待遇加负面清单管理制度提供了基本依据。

» 专栏 3-9

全国外商投资准入负面清单首次独立发布

2018 年 6 月，经党中央、国务院同意，国家发展改革委、

商务部以第18号令首次独立发布全国范围适用的《外商投资准入特别管理措施（负面清单）（2018年版）》，这是我国大幅度放宽市场准入、完善准入前国民待遇加负面清单管理制度的重大举措，为建设开放、公平、透明的国际化投资环境提供了制度性工具。

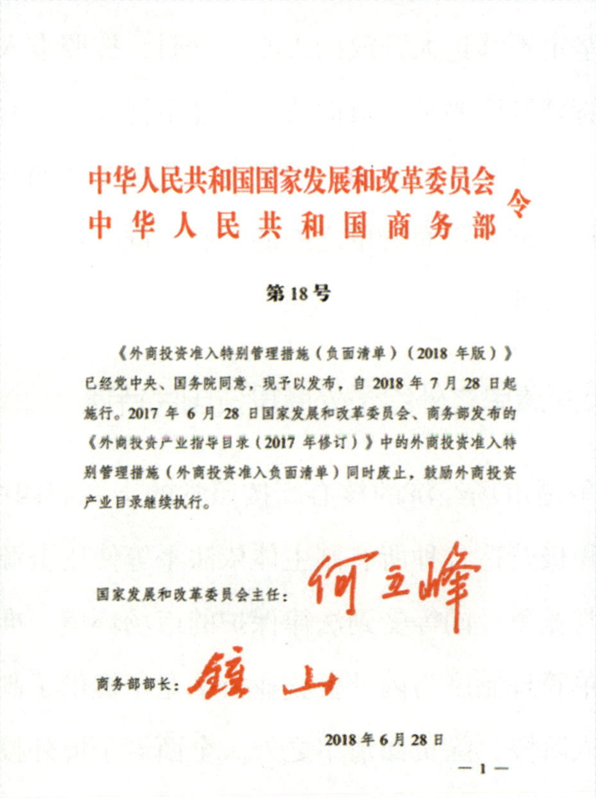

中华人民共和国国家发展和改革委员会
中华人民共和国商务部
令

第18号

《外商投资准入特别管理措施（负面清单）（2018年版）》已经党中央、国务院同意，现予以发布，自2018年7月28日起施行。2017年6月28日国家发展和改革委员会、商务部发布的《外商投资产业指导目录（2017年修订）》中的外商投资准入特别管理措施（外商投资准入负面清单）同时废止，鼓励外商投资产业目录继续执行。

国家发展和改革委员会主任：何立峰

商务部部长：钟山

2018年6月28日

—1—

《外商投资准入特别管理措施（负面清单）（2018年版）》（封面）

（二）不断缩减外商投资准入负面清单

对外商投资实行负面清单管理是我国推进高水平开放的重要制度创新。2017—2020 年，通过连续 4 年修订全国外商投资准入负面清单，限制性措施由 93 项减至 33 项，减少近三分之二，在金融、汽车等行业领域推出了一系列重大开放举措，我国对外开放水平显著提升。历次负面清单修订，遵循只做减法、不做加法的原则，体现了坚定不移扩大开放的决心。同时，按照准入前国民待遇加负面清单管理制度要求，负面清单之外不得专门针对外商投资设置准入限制。根据国务院部署，国家发展改革委会同有关部门全面清理了外商投资准入负面清单之外的限制，进一步提高了开放政策的透明度和一致性。

（三）负面清单之外给予外商投资国民待遇

公平竞争是市场经济的核心。按照党的十九届四中全会要求，各有关方面积极营造各种所有制主体依法平等使用资源要素、公开公平公正参与竞争、同等受到法律保护的市场环境。准入前国民待遇加负面清单管理制度为内外资企业公平竞争提供了制度保障。在外商投资准入阶段，除负面清单之外，全面给予境外投资者及其投资国民待遇。在外商投资准入后阶段，在政府资金安排、土地供应、税费减免、资质许可、标准制定、项目申报、人力资源政策等各方面，对内资企业和外商投资企业一视同仁、平等对待。

三、外商投资监管体系不断完善

（一）外商投资项目管理制度持续完善

2014年外商投资项目的管理方式由全面核准变为普遍备案、有限核准，大幅下放管理权限、简化管理程序，明确事中事后监管责任，深化了外商投资管理体制改革。2015年建立全国投资项目在线审批监管平台，全面提升了外商投资项目管理信息化水平。一系列改革举措彻底改变了传统审批制度，通过缩短办理时间、减少管理层级、增强透明度，大大提高了投资便利化程度。随着外商投资准入负面清单的不断缩减，外商投资项目核准范围持续缩小，备案范围越来越大。99%以上的外商投资项目已实行属地化在线备案管理，而且与内资项目一样，实行告知性备案。外商投资法规定，外商投资需要办理投资项目核准、备案的，按照国家有关规定执行。外商投资项目核准备案制度作为落实准入前国民待遇加负面清单管理制度的重要抓手，一方面有利于对外商投资准入负面清单内相关项目实施精准管理，另一方面有利于最大限度简化外商投资项目管理程序，形成了精准高效的突出特点。

专栏 3-10

埃克森美孚惠州乙烯项目建设正式启动

埃克森美孚惠州乙烯项目位于广东省惠州大亚湾石化园区，总投资约100亿美元。项目计划分两期建设，一期主要包括年产量160万吨乙烯装置及中下游高端聚乙烯、聚丙烯等生产装置，将采用先进的专有工艺和催化剂技术生产高端聚烯烃产品，有利于减少我国对高性能聚烯烃产品的进口依赖。2020年4月22日，项目举行两国三地“云开工”仪式，项目建设正式拉开帷幕。

埃克森美孚惠州乙烯项目

（二）外商投资企业审批备案制度不断简化

以往根据“外资三法”，在我国设立外商投资企业需经审批。2013 年上海自贸试验区开始试点部分外商投资企业设立实行备案管理，并逐步推广至其他自贸试验区。2016 年 9 月，经十二届全国人大常委会审议通过，将不涉及国家规定实施准入特别管理措施的外商投资企业设立及变更由审批改为备案管理。2019 年 3 月，外商投资法出台实施，“外资三法”废止，取消外商投资企业设立审批备案制度，统一内外资企业设立制度，进一步便利外商投资。与此同时，建立外商投资信息报告制度，便于掌握外商投资动态，为相关工作提供参考。

（三）外商投资安全审查制度逐步建立

根据扩大开放新形势，借鉴国外经验，我国逐步探索建立外商投资安全审查制度。国务院办公厅先后印发《关于建立外国投资者并购境内企业安全审查制度的通知》（2011 年）和《关于印发自由贸易试验区外商投资国家安全审查试行办法的通知》（2015 年），对外商投资安全审查相关事项作出规定。外商投资法明确规定，国家建立外商投资安全审查制度，对影响或者可能影响国家安全的外商投资进行安全审查。建立健全外商投资安全审查制度，有助于在扩大开放的同时切实维护国家安全。

四、营商环境明显改善

（一）法治化营商环境取得重大进展

法治是最好的营商环境。2019 年 10 月，我国颁布优化营商环境领域的第一部基础性行政法规《优化营商环境条例》，为各类市场主体投资兴业提供了法律保障。近年来，国务院出台了《关于扩大对外开放积极利用外资若干措施的通知》等一系列重要政策文件，在产业、科技、竞争、税收、招商、人才等各方面优化外商投资政策，持续改善外商投资环境。世界银行发布的《2020 年营商环境报告》显示，我国 2018 年、2019 年连续两年跻身全球营商环境改善幅度最大的十个经济体之一，营商环境排名由 2013 年的第 96 位跃升至 2019 年的第 31 位（见图 3–4）。跨国公司在华投资信心稳中有升，在华投资力度持续加大。

（二）“放管服”改革持续深化

高效便捷的政务环境逐步建成。2019 年 2 月，国家发展改革委等部门联合印发《关于印发全国投资项目在线审批监管平台投资审批管理事项统一名称和申请材料清单的通知》，为规范投资审批行为、提高投资审批“一网通办”水平提供了标准规范。近年来，我国持续推进政府部门间信息共享，构建一体化在线服务平台，加快推动电子政务“一网通办”，优化审核、备案、确认等环节手续，提升政务服务水平。企业开办、用水用电报装、不动产登记等事项的办理时间压缩 50% 以上。市场准入门槛不断降低，推动形成竞争有序的市场环境。全国统一的《市场准入负面清单（2018 年版）》于 2018 年 12 月发布实施，2019 年发布修订版，进一步缩短清单长度、减少管理措施、优化清单结构，列入事项相比 2018 年版减少 20 项，压减至 131 项。

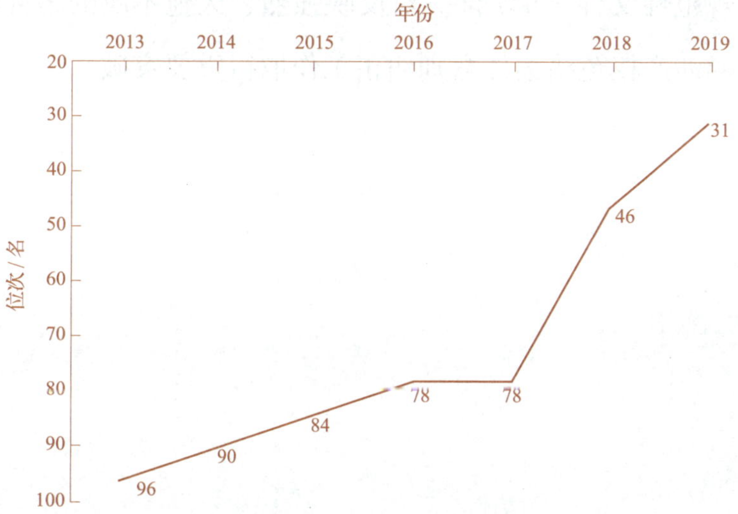

图 3-4　2013—2019 年我国营商环境的全球排名

资料来源：世界银行历年营商环境报告。

（三）监管透明度公平性不断强化

市场监管领域“双随机、一公开”监管全面推行，跨部门联合监管持续推进，制度化监管规则更加健全。在监管过程中，检查对象随机抽取，执法人员随机选派，抽查情况及查处结果及时向社会公开，对守法者“无事不扰”。

（四）企业负担大幅减轻

中央设立的行政事业性收费由 185 项减少至只有几十项，减少幅度超过 70%，降低了不动产登记费等数十项收费项目标准，企业经营各项费用成本有效降低。清理出有违产权保护原则要求的规章、规范性文件 5 847 件。对反映强烈、久拖不决的案件集中攻坚，推动涉产权冤错案件甄别纠正工作取得重要突破。

第四节

区域开放布局逐步优化

以“一带一路”建设为引领，通过持续推进自贸试验区试点和自由贸易港建设，推动各类对外开放平台建设，重点实施京津冀协同发展、长江经济带、粤港澳大湾区等区域协调发展战略，我国区域对外开放布局持续优化，进入从东部沿海引领向沿海、内陆、沿边协同开放的新阶段，逐步形成分工协作、互动发展的全方位对外开放新格局。

一、自贸试验区改革创新深入推进

（一）总体布局持续优化

自 2013 年 9 月以来，党中央、国务院先后批准设立了上海、广东、辽宁、海南、山东等 18 个自贸试验区，增设了上海自贸试验区临港新片区，从沿海地区拓展到内陆、沿边地区，布局逐步完善，形成覆盖东西南北中的改革开放创新格局。经过7年探索发展，自贸试验区已成为新的外商投资集聚地。2020年1—5月，18个自贸试验区实际利用外资602.5亿元人民币，以不到全国千分之四的国土面积，吸引了全国17%的外商投资。2020年6月，《海南自由贸易港建设总体方案》正式发布，标志着海南自由贸易港建设进入实质性推进阶段。

（二）对外开放试验田作用日益强化

2013年，上海自贸试验区发布我国首张外商投资准入负面清单，试点对外开放新举措。2013—2020年，历经2个上海自贸试验区版、5个全国自贸试验区版，自贸试验区外商投资准入负面清单中的限制措施由190条大幅减少至30条，对外开放试验田作用得以充分发挥。近几年，陆续在种业、油气、矿产资源、增值电信、文化等领域进行开放试点，为全国范围内减少外商投资准入限制积累了宝贵经验。

» 专栏 3-11

上海自贸试验区实现基础性和核心制度创新

2013年8月，国务院批准成立上海自贸试验区。上海自贸试验区围绕投资、贸易、金融和事中事后监管领域，探索形成了一批基础性和核心制度创新。第一，探索以负面清单管理为核心的外商投资管理制度，基本形成与国际通行规则一致的市场准入方式。第二，探索符合高标准贸易便利化规则的贸易监管制度，基本形成具有国际竞争力的口岸监管服务模式。第三，探索适应更加开放环境和有效防范风险的金融创新制度，基本形成与上海国际金融中心建设的联动机制。第四，探索以规范市场主体行为为重点的事中事后监管制度，基本形成透明高效的准入后全过程监管体系。

上海自贸试验区

（三）制度创新不断深化

自贸试验区在贸易投资自由化便利化、金融服务实体经济、政府职能转变等领域大胆探索，率先探索了一批突破性、引领性改革，包括推出了全国第一张外商投资准入负面清单，上线了全国第一个国际贸易“单一窗口”，建立了全国第一个自由贸易账户，启动了全国第一次“证照分离”改革，制定了全国第一张风险防控清单等。2015年，全国4个自贸试验区试行外商投资准入前国民待遇加负面清单管理制度，对负面清单以外的外商投资取消审批，实行备案管理。取得试点经验后，2018年该制度在全国范围内全面实施，并在外商投资法中以法律形式确立了准入前国民待遇加负面清单管理制度。

截至2020年6月底，各自贸试验区共总结提炼形成260项制度创新成果，包括“证照分离”改革、企业名称自主申报制、跨境电商零售进口正面监管模式、供电服务新模式等改革开放举措，供全国或特定地区复制推广或参考借鉴，有效释放了改革红利、开放红利。

二、开发区转型升级取得进展

（一）国家级经济技术开发区示范作用更加突出

2018年，全国219家国家级经济技术开发区实现地区生产总值9.9万亿元人民币，同比增长10.5%，占全国的11%；实际使用外资和外商投资企业再投资 513 亿美元；实现进出口总额 6.2 万亿元人民币，占全国进出口总额的 20.3%。其中，东中西部地区国家级经济技术开发区的进出口总额同比增速分别达 9.5%、23.1% 和 13.6%；实际使用外资和外商投资企业再投资同比增速分别为 2.1%、9.3% 和 15.9%。国家级经济技术开发区已成为我国经济发展的重要增长点，推动外向型经济发展迈上新台阶。

» 专栏 3-12

苏州工业园区大力发展开放型经济

苏州工业园区于 1994 年经国务院批准设立，是我国和新加坡首个政府间合作项目。苏州工业园区坚持以产业发展为主，大力发展开放型经济，累计吸引外资项目 4 400 多个，实际利用外资 313 亿美元，84 家世界 500 强企业在区内投资 131 个项目，累计创造超过 1 万亿美元进出口额、8 000 多亿元人民币税收。2019 年，苏州工业园区实现地区生产总值 2 743 亿元人民币，进出口总额 871 亿美元，在国家级经济技术开发区中名列前茅。近年来，苏州工业园区努力提升经济密度、创新浓度、开放程度，着力打造电子信息、生物医药、纳米技术等高新技术产业集群，经济发展质量显著提高。

苏州工业园区

（二）国家级高新技术产业开发区创新驱动高质量发展成效明显

近年来，国家级高新技术产业开发区数量快速增长，从2012年的17个，发展到2019年的169个。2019年，国家级高新技术产业开发区共实现营业收入38.3万亿元人民币，工业总产值24.8万亿元人民币。国家级高新技术产业开发区以创新为第一动力，集聚了全国近40%的高新技术企业，70%以上的国家工程研究中心和国家工程实验室，全国一半数量的孵化器和众创空间；国家级高新技术产业开发区内企业研发经费支出占GDP比重是全国平均水平的3倍，已经成为我国科技创新最为活跃、科技投入最大、科技成果和专利产出最高、新产品新技术产出最多的区域，是我国科技创新体系的重要组成部分和区域创新高地。北京中关村的新一代信息技术、杭州的网络信息产业、武汉东湖的光电子信息、上海张江的生物医药和集成电路等若干世界级创新型产业集群初步形成，人工智能、自动驾驶、区块链、虚拟现实、网络安全、增材制造等新业态实现飞跃式发展，在关键前沿技术开发、重大产品与装备制造、国际技术标准创制等方面涌现出一大批高端技术和产品，带动我国产业迈向全球价值链中高端。

» 专栏 3-13

北京中关村科技园区

北京中关村科技园区成立于1988年，是我国第一个国家级高新技术产业开发区，被誉为“中国硅谷”。近年来，中关村科技园区围绕开放创新出台了一系列政策举措，优秀人才加快聚集、创新能力显著提升、科技创业高度活跃，重点产业集群化发展、国际知名品牌和具有国际竞争力的企业不断涌现。2019年中关村科技园区已有高新技术企业超过2万家，上市公司300多家，独角兽企业约占全国的五分之二，技术交易额约占全国的五分之一。

中关村论坛

（三）海关特殊监管区域加速转型升级

截至 2019 年底，我国有各类海关特殊监管区域 140 个，其中综合保税区 99 个。通过不断发挥政策优势、培育新兴业态、创新监督方式，综合保税区成为促进外贸稳定增长的“推进器”。截至 2019 年底，全国综合保税区内已有 50 余家企业开展承接区外委托加工业务，涉及医药、电子设备、机电产品、飞机等行业。跨境电商零售进口税收政策已逐步扩大到所有综合保税区，推行“清单核放、汇总申报”“线上看货 + 线下提货”等量身定制的监管模式，有力支持跨境电商进出口成为外贸发展新亮点。通过“制度+科技”的监管手段，通关效能大幅提升，全国各综合保税区之间已实现保税货物点对点流转，系统自动核验放行，货物区间流转速度提升50%，推动产业链上下游无缝衔接，进一步降低了企业通关成本。

》专栏 3-14

深圳前海湾保税港区
打造一流营商环境

深圳前海湾保税港区于2008年10月经国务院批准设立，规划面积3.71平方公里，是前海进出口贸易的主要载体。近年来，深圳前海湾保税港区推出一系列创新举措，打造一流营商环境，包括“MCC前海”（MCC：Multi-Country Consolidation，多国集拼）新物流模式、全球中心仓、“保税+社区新零售”等，实现跨境电商保税进出口、一般出口、直购进口业务全覆盖，2016—2019年进出口总额年均增长率达40%。深圳前海湾保税港区成功吸引大批国内外知名企业，包括华为、小米、菜鸟、小红书等国内行业龙头，苹果、耐克、三星等国际知名企业。

深圳前海湾保税港区

（四）省级开发区有力促进区域开放型经济发展

《中国开发区审核公告目录》（2018 年版）中，各类省级开发区 1991 家，占全国各类开发区比重接近 80%，是我国开发区发展上台阶、上水平的生力军。近年来，各类省级开发区不断创新体制机制，大力优化营商环境，在产业发展、对外贸易、利用外资等方面取得长足进步，成为区域开放型经济发展的重要增长极。

» 专栏 3-15

我国各类开发区占比

2015年，《中共中央国务院关于构建开放型经济新体制的若干意见》提出，要加强各类开发区规划指导、创新发展，发挥开发区引领和带动作用，推动产业升级。2017年，《国务院办公厅关于促进开发区改革和创新发展的若干意见》出台，明确要求贯彻落实创新、协调、绿色、开放、共享的新发展理念，加强对各类开发区的统筹规划，加快开发区转型升级，促进开发区体制机制创新，完善开发区管理制度和政策体系，进一步增强开发区功能优势。2018年2月，经国务院同意，国家发展改革委等六部门联合发布《中国开发区审核公告目录》(2018年版)，公告了2 543家开发区，其中国家级开发区552家（包括经济技术开发区、高新技术产业开发区、海关特殊监管区域等类型）和省级开发区1 991家，促进开发区健康发展，更好满足地方发展需要。

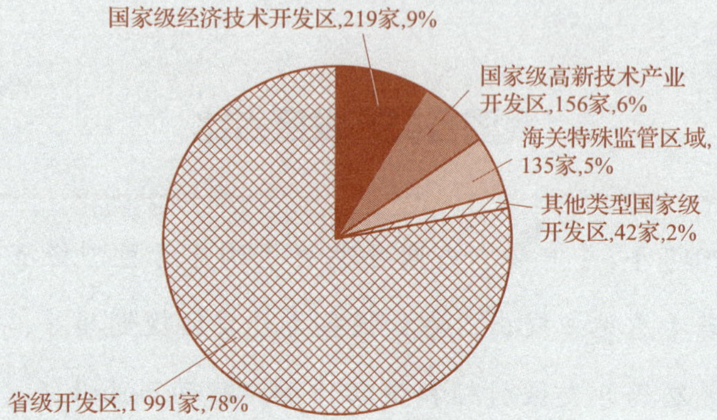

我国各类开发区占比

资料来源：《中国开发区审核公告目录》（2018年版）。

三、内陆沿边开放布局进一步完善

（一）共建“一带一路”倡议引领中西部扩大开放

中欧班列已经实现常态化、规模化运行，辐射范围持续扩大，基本实现去一回一。2020 年上半年，中欧班列开行 5 122 列，运送货物 35.6 万标箱，同比分别增长 36% 和 32%，国内开通城市达 60 多个，联通亚欧大陆 100 多个城市，网络覆盖欧洲全境，初步实现“丝绸之路经济带”与“21 世纪海上丝绸之路”的衔接，为形成陆海内外联动、东西双向互济的开放格局奠定了基础（见图 3–5）。西部陆海新通道已有9个西部省区加入，北接“丝绸之路经济带”，南连“21世纪海上丝绸之路”，协同连接长江经济带，有力推动相关地区交通、物流、商贸、产业深度融合，塑造中西部地区对外开放新格局。

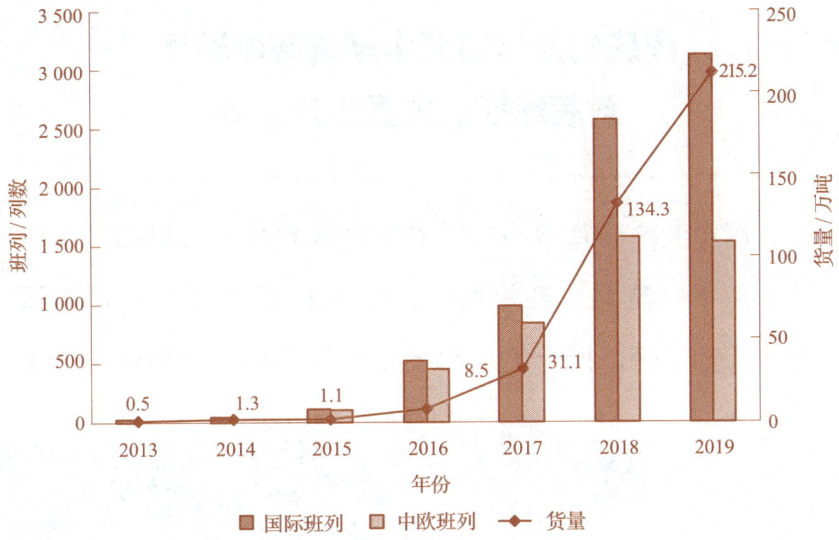

图3-5　2013—2019年国际班列和中欧班列（成都）运行情况

（二）内陆开放高地建设加速推进

依托长江中游城市群、成渝城市群、中原城市群、呼包鄂榆城市群、哈长城市群等重点区域，以国家级新区和内陆开放型经济试验区为代表，内陆开放型经济高地建设成效显著。截至2020年6月，陕西西咸新区、贵州贵安新区、四川天府新区、湖南湘江新区、重庆两江新区等10个位于内陆省市的国家级新区相继获批成立。宁夏、贵州和江西等3个内陆开放型经济试验区先后获批成立，有力推动内陆地区融入共建“一带一路”倡议，拓展对外开放新空间。

» 专栏 3-16

重庆成为奥特斯全球高端半导体封装载板的主要生产基地

作为全球领先的高端半导体封装载板和高密度互连印制电路板制造商，奥特斯集团于2011年与重庆两江新区签订投资协议，投资2.97亿美元建设高密度印制电路板生

重庆奥特斯项目

产基地项目。2013年、2015年，奥特斯先后增资1.5亿美元、2.97亿美元，升级建设高端半导体封装载板、系统级封装印刷电路板项目。目前，重庆生产基地已成为奥特斯全球高端半导体封装载板的主要生产基地。下一步，奥特斯计划投资11.3亿美元新建高端半导体封装载板工厂，预计2022年投产，2024年达产。

（三）沿边开放新支点成效初显

以重点开发开放试验区、沿边国家级口岸、边境城市、边境（跨境）经济合作区等为开放支点，出台《国务院关于支持沿边重点地区开发开放若干政策措施的意见》等政策文件，推动沿边重点地区开放发展。沿边9省区国内生产总值增长迅速，尤其是第三产业增长势头迅猛。沿边地区第三产业增加值由2012年的3.81万亿元人民币增加至2019年的7.06万亿元人民币，年均增长9.2%。沿边9省区对外贸易发展趋势总体向好，进出口总额由2012年的1.67万亿元人民币增长至2019年的2.06万亿元人民币，年均增长3%。边境（跨境）经济合作区、沿边重点开发开放试验区稳步发展，对发展我国与周边国家和地区的经贸合作及睦邻友好关系、繁荣边疆少数民族地区经济发挥了积极作用。

四、沿海开放新高地建设加快推进

（一）东部地区继续发挥全国引领示范作用

依托本身的区位优势和改革开放的先发优势，东部沿海地区外商投资环境持续改善，境外投资健康发展，开放型经济质量稳步提升。深圳、珠海、汕头、厦门四个经济特区和浦东新区、滨海新区、南沙新区等开放平台持续发挥作用。广东、上海、江苏、浙江等沿海省市外商投资和进出口贸易继续保持全国领先地位。广东相继吸引巴斯夫（广东）一体化基地、GE（通用电气）海上风电、现代汽车氢燃料电池动力系统、东丽高端新材料和研发总部、川崎重工工业机器人等一批高质量外资项目落户。2019 年上海签订外商直接投资合同金额 502.5 亿美元，同比增长 7.1%；实到金额 190.5 亿美元，同比增长 10.1%。2019 年江苏实际利用外资 261.2 亿美元，其中服务业实际利用外资占比达 46.6%。浙江是中国电子商务起步最早、发展最快的地区之一，成立了全国首个跨境电商试验区——中国（杭州）跨境电子商务综合试验区，电子商务已成为浙江经济的一张金名片。

（二）重大区域战略引领高水平开放

随着重大区域发展战略陆续出台，东部地区的京津冀、粤港澳大湾区、长三角区域成为全国扩大高水平开放的探索前沿。京津冀协同发展有力带动整个区域的开放和经济发展。2019年京津冀地区生产总值约为8.5万亿元人民币，比上年增长6.1%。京津冀地区外贸进出口总额从2016年的2.85万亿元人民币增长到2019年的4万亿元人民币，年均增速达到12%。广东加强与港澳开放合作，推动粤港澳大湾区开放发展，加快前海、横琴等对港澳合作开放窗口开放步伐，带动辐射泛珠江三角洲区域合作和珠江—西江经济带发展。2019年广东外贸进出口总额为7.14万亿元人民币，约占全国的四分之一，连续34年居全国首位；跨境电商进出口总值比上年增长45.8%，占全国比重近六成，其中出口值占全国近八成。长三角区域一体化发展着力推进上海自贸试验区新片区建设，打造与国际通行规则相衔接、更具国际市场影响力和竞争力的特殊经济功能区，引领长三角新一轮改革开放。上海2019年地区生产总值约为3.8万亿元人民币，成为全国高水平开放标杆性城市，拥有跨国公司地区总部687家、外资研发中心448家，是我国内地外资总部型机构最多的城市。

五、内地与港澳、大陆与台湾地区合作不断深入

（一）支持港澳发展经济和更好融入国家发展大局

全面准确贯彻“一国两制”“港人治港”“澳人治澳”、高度自治的

方针，支持港澳发展经济、改善民生，更好融入国家发展大局。

支持港澳发展经济。发挥香港成熟的市场运行环境、完善的投资银行服务、健全的法律法规和市场监管体制等优势，引导内地企业赴港融资，加强内地与香港金融市场互联互通。截至2019年底，共有1 241家内地企业赴香港上市。支持澳门经济适度多元发展。

支持港澳参与粤港澳大湾区和“一带一路”建设。2017年7月1日，香港特区、澳门特区与国家发展改革委、广东省共同签署《深化粤港澳合作 推进大湾区建设框架协议》，2019年2月，中共中央、国务院发布实施《粤港澳大湾区发展规划纲要》，进一步丰富“一国两制”内涵。推进粤港澳大湾区国际科创中心建设取得良好开局。推进深圳前海、广州南沙、珠海横琴等重大平台开发建设，引领带动粤港澳大湾区全面合作。签署港澳全面参与和助力“一带一路”建设的安排，举办系列主题活动，积极支持港澳发挥独特优势参与“一带一路”建设。

促进内地与港澳经贸投资便利化。签署《内地与香港关于建立更紧密经贸关系的安排》《内地与澳门关于建立更紧密经贸关系的安排》（CEPA）框架下的服务贸易、投资、经济技术合作和货物贸易等协议，提前实现“十三五”规划提出的CEPA升级目标，进一步扩大内地对港澳的开放力度。

» 专栏 3–17

多措并举深化内地与港澳沟通交流

通过开展粤港澳大湾区建设、完善区域内交通基础设施、支持港澳参与“一带一路”建设、引导内地企业赴港融资、促进内地与港澳经贸投资便利化等工作，进一步发挥港澳人才资源丰富、金融市场发达、科技基础良好、国际市场畅通等优势，支持港澳发展经济、改善民生，更好融入国家发展大局。

港珠澳大桥

摄影：关铭荣。

（二）促进两岸经济文化交流合作逐步深化

坚持一个中国原则，在“九二共识”基础上推动两岸关系和平发展，完善促进两岸交流合作、深化两岸融合发展、保障台湾同胞福祉的制度安排和政策措施。

出台政策为台湾同胞提供同等待遇。先后出台促进两岸经济文化交流合作的“31条措施”“26条措施”以及助力台企发展“11条措施”，为台胞台企提供更多同等待遇，进一步方便台胞在大陆学习、工作、生活。台胞台企在税收减免、资金支持、职业资格、社会荣誉等方面得到了实实在在的好处。

推进地方对台交流合作平台建设。支持福建自贸试验区、厦门深化两岸交流合作综合配套改革试验区、昆山深化两岸产业合作试验区等地方对台交流合作平台，在对台产业合作、金融改革创新、贸易便利化和两岸民间交流交往等方面，先行先试深化两岸经济文化交流合作的政策措施。先后在广西、四川、湖北、江西设立海峡两岸产业合作区，设立安徽、福建海峡两岸集成电路产业合作试验区，打造台商投资新的聚集地。

举办一系列两岸交流活动。先后举办两岸企业家峰会、海峡两岸信息产业和技术标准论坛、两岸产业合作论坛等活动，以及台商台企参与“一带一路”建设、粤港澳大湾区建设和长三角区域一体化发展活动，引导台商台企有序参与重大区域发展战略，率先与台商台企分享大陆产业发展机遇。据统计，2019年两岸贸易额为2 280.8亿美元，较2016年增长27.0%。截至2020年6月，大陆累计批准台资项目超过11万个，实际使用台资超过700亿美元。

» 专栏 3-18

地方积极探索促进两岸经济文化交流合作

2013年2月，国务院批复同意设立昆山深化两岸产业合作试验区。7年多来，昆山试验区在对台产业合作、金融改革创新、贸易便利化、功能平台建设和两岸民间交流交往等方面先行先试，探索促进两岸融合发展的有效方式，取得了积极成效。昆山多次成功举办两岸（昆山）产业合作论坛，来自两岸学术界和产业界的专家学者、业界人士展开热烈讨论并达成多项共识，为深化昆台产业合作注入活力。2019年6月，在两岸（昆山）产业合作论坛开幕式上，昆山、厦门、广西、四川、湖北五地联合发起成立首个国家级对台区域产业合作平台——两岸产业合作区发展联盟。

2019 年两岸（昆山）产业合作论坛

第五节

企业走出去成效显著

我国企业以“一带一路”建设为引领，积极走出国门开展投资合作，在游泳中学会游泳，不断提高对外投资合作水平，推动我国对外投资合作逐步转向高质量发展阶段。近年来，我国对外投资合作规模稳中有进、结构日益优化、管理便利化程度显著提高、服务保障体系不断健全、效益逐步显现，有力促进我国与东道国互利共赢、共同发展。

一、稳居对外投资合作大国前列

（一）境外投资规模稳中有进

我国境外投资流量规模虽然有所波动，但始终稳居全球前三位。2013 年我国境外投资规模达 1 078.4 亿美元，首次突破千亿美元大关，位居全球第三；2015 年达到 1 456.7 亿美元，首次超过当年利用外资规模，位居全球第二；2016 年达到历史峰值 1 961.5 亿美元，在全球占比达 13.5%，位居全球第二。之后受全球经济下行、贸易投资保护主义及宏观政策调整等因素影响，2017 年我国境外投资有所回落，规模为 1 582.9 亿美元，但仍为历史第二高位，在全球占比连续两年超过 10%，位居全球第三。2018 年我国境外投资额达 1 430.4 亿美元，在全球占比达 14.1%，较上年提升 3 个百分点。2019 年我国境外投资额为 1 171.2 亿美元，同比下降 9.8%（见图 3–6）。截至 2018 年底，我国境外投资存量规模达到 1.98 万亿美元，是 2012 年底的 3.7 倍，全球排名由第 13 位上升至第 3 位。2018 年底境外企业资产总额超过 6.6 万亿美元，是 2012 年底的 2.9 倍。

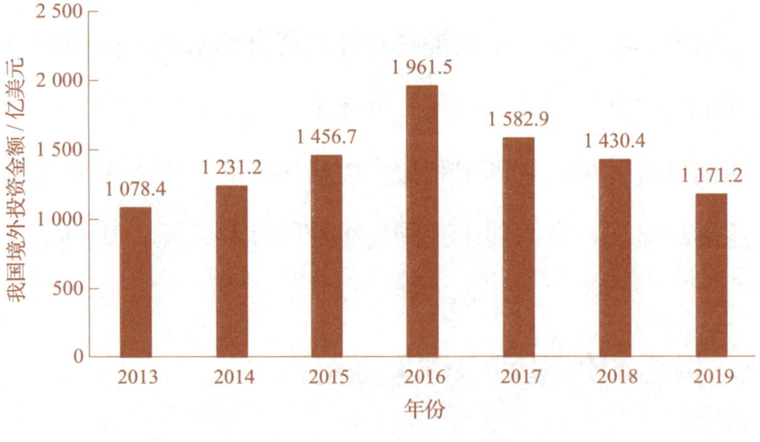

图 3–6　2013—2019 年我国境外投资流量

资料来源：历年中国对外直接投资统计公报。

注：2019年境外投资流量为快报数，2013—2018年境外投资流量为商务部公报数，两者口径不完全一致。

（二）境外投资结构日益优化

从行业看，我国境外投资已经涵盖国民经济 18 个行业大类。除农林牧渔业、采矿业、商贸服务业等传统产业以外，近年来对科学研究和技术服务业、信息传输软件和信息技术服务业、教育、医疗、社会公共服务设施等领域的投资增多。

从区域看，截至 2018 年底，我国超过 2.7 万家境内投资者在全球 188 个国家（地区）设立境外企业 4.3 万家，全球 80% 以上的国家都有中国企业投资。流向“一带一路”沿线国家（地区）投资大幅增加，设立境外企业超过 1 万家，存量达到 1 727.7 亿美元，占我国境外投资存量的比重达到 8.7%。

从投资主体看，2018 年非公经济控股主体境外投资额为 755.7 亿美元，占当年非金融类境外投资总额的 62.3%，较上年提升 13.6 个百分点。地方企业非金融境外类投资流量达到 982.6 亿美元，占比达到 81%，在我国境外投资流量总规模下降的背景下实现逆势增长。

从投资方式看，我国企业境外投资方式更加多元，由单一的绿地投资向收购、参股等方式拓展。2018 年我国企业完成 433 起境外投资并购项目，实际交易额达到 742.3 亿美元，其中境外融资 431.4 亿美元，占并购金额的 58.1%，与 2012 年相比上升 21.7 个百分点。此外，实物投资、联合投资、股权置换、投建营一体化、特许经营等投资方式也呈现出良好发展态势。

（三）对外承包工程稳步发展

2013—2019年我国对外承包工程累计完成营业额超过1.1万亿美元，累计签订合同额超过1.5万亿美元。我国对外承包工程由最初的土建施工向工程总承包、项目投融资、设计咨询、运营维护管理等高附加值领域拓展。尤其是近年来，随着基础设施合作向建设运营一体化方向发展，我国企业在对外承包工程中积极承揽建设—运营—转让（BOT）、政府与社会资本合作（PPP）等类型项目，在海外建设大型工程项目的综合能力进一步增强。

二、对外投资合作便利化规范化程度明显提高

（一）企业主体地位更加明确

2013年3月发布的《国务院机构改革和职能转变方案》，明确规定要真正落实企业和个人投资自主权，要求最大限度缩小审批、核准、备案范围。为充分体现“谁投资、谁决策、谁收益、谁担风险”的原则，2014年境外投资管理由逐项核准改为备案为主、核准为辅，除涉及敏感国家和地区、敏感行业等特殊情况外，企业境外投资一律实行备案管理，企业自主决策、自负盈亏、自担风险。2017年以来，先后取消对外承包工程资格审批和项目投议标许可，同时研究建立“备案＋负面清单”的管理模式。上述举措进一步厘

清了政府和企业的边界，突出了企业在对外投资合作中的主体地位。

（二）备案审核程序进一步简化

2017年底，结合境外投资发展呈现的新特点和企业提出的新诉求，国家发展改革委颁布《企业境外投资管理办法》，突出简政放权，推出取消信息报告制度，取消地方初审、转报环节，放宽投资主体履行核准、备案手续的最晚时间要求等三项实实在在的改革，进一步简化境外投资事前管理流程。此外，《企业境外投资管理办法》对核准和备案的程序、时限、变更、延期等均作出更加明确和具体的规定，对流程进行了优化，如两个以上投资主体如何确定申报单位、受理的程序和凭证等，有效增强了制度的可操作性，减少了核准和备案机关自由裁量空间，提升了管理的透明度和确定性（见表3–2）。2019年，商务部等19部门发布《关于促进对外承包工程高质量发展的指导意见》，明确提出优化对外承包工程管理方式，进一步深化“放管服”改革。

表3–2 境外投资项目管理简政放权历程

时间	方式	管理权限
2004年以前	审批制	中方投资额在100万美元以上项目需报国家发展改革委审批
2004年7月	核准制	1 000万美元以上的非资源开发类项目、3 000万美元以上资源开发类项目由国家发展改革委核准或报国务院核准

续表

时间	方式	管理权限
2011 年 2 月	核准制	1 亿美元以上的非资源开发类项目、3 亿美元以上资源开发类项目由国家发展改革委核准或报国务院核准
2014 年 4 月	备案 + 核准	10 亿美元以上项目和敏感类项目由国家发展改革委核准或报国务院核准，其他项目实行备案制
2014 年 12 月	备案 + 核准	除敏感类项目需国家发展改革委核准外，其他项目一律实行备案制
2018 年 3 月	备案 + 核准	取消信息报告制度，取消地方初审、转报环节，放宽投资主体履行核准、备案手续的最晚时间

（三）在线办理全面推行

发展改革部门、商务部门等均通过电子政务系统进行备案管理，显著提升了对外投资合作备案的工作效率。98% 以上的境外投资项目均已实现网上备案，企业可直接登陆全国境外投资管理和服务网络系统填报项目备案电子表格，并实时查询办理进度，真正做到了让企业少跑腿、好办事。此外，企业还可直接通过网络系统浏览境外投资领域相关政策法规，获知常见问题解答，对于政务服务的满意度和获得感进一步增强。

» 专栏 3-19

国家发展改革委编印《境外投资核准备案百问百答》

为进一步优化境外投资综合服务，提高境外投资核准备案工作的便利性和透明度，国家发展改革委外资司编印了《境外投资核准备案百问百答》。内容主要包括适用范围、敏感类项目、新项目申报、项目变更延期、申报材料、事中事后监管、在线申报系统等七个方面的常见问题和解答，对各方关注的政策焦点作了阐释。

《境外投资核准备案百问百答》（封面）

三、对外投资合作服务保障体系不断健全

（一）投资合作促进体系更加完善

经过多年的发展，我国已经初步建立了覆盖全国范围的多层次对外投资合作促进体系。一是政府间建立的双边或多边产能合作和第三方市场合作机制为企业开展合作创造稳定、可预期的投资环境。二是中国国际贸易促进委员会（以下简称贸促会）等全国性综合性贸易投资促进机构，以及地方贸易投资促进机构分别为不同规模、不同行业、不同地区的企业提供点对点精准服务。例如，2019 年贸促会牵头举办“一带一路”企业家大会，邀请 80 多个国家和地区的 850 余名代表参加，签署项目合作协议 125 个，总金额达 640 多亿美元；先后组织 2 万余家企业赴 28 个国家和地区参加 580 场展览会，我国企业展出面积超过 31.43 万平方米，助力企业开拓海外市场。三是各行业协会成立的电力、石化、钢铁、有色等十余个国际产能合作企业联盟为企业抱团出海、集群发展提供有益平台（见表 3-3）。各层次的投资促进机制相辅相成、相互促进，为推动我国对外投资合作健康发展发挥了积极作用。

表 3–3 已成立的国际产能合作企业联盟

序号	牵头单位	联盟名称
1	中国电力企业联合会 中国电力建设企业协会	中国电力国际产能合作企业联盟
2	中国建筑材料联合会	中国建材国际产能合作企业联盟
3	中国石油化学和工业联合会	中国石油和化工行业国际产能合作企业联盟
4	中国工程机械工业协会	中国工程机械行业国际产能合作企业联盟
5	中国汽车工业协会	中国汽车行业国际产能合作企业联盟
6	中国船舶工业行业协会	中国船舶行业国际产能合作企业联盟
7	中国通信企业协会	中国通信行业国际产能合作企业联盟
8	中国有色金属工业协会	中国有色金属国际产能合作企业联盟
9	中国钢铁工业协会	中国钢铁行业国际产能合作企业联盟
10	中国轻工业联合会	中国轻工国际产能合作企业联盟
11	中国纺织工业联合会	中国纺织国际产能合作企业联盟
12	中国矿业联合会	中国矿业国际产能合作企业联盟
13	中国建筑业协会	中国建筑业国际产能合作企业联盟

（二）金融支持体系加力增效

近年来，我国金融支持企业走出去体系更趋成熟，银行业、保险业、股权投融资机构等各类金融机构各有侧重、互为补充，助力企业出海远航。银行业方面，国家开发银行、中国进出口银行充分发挥对外投资合作主力银行作用，为企业走出去提供有力支撑。中国工商银行、中国银行、中国农业银行、中国建设银行等商业性金融机构不断创新金融产品，为企业提供更加优质的融资融智融信服务。保险业方面，中国出口信用保险公司 2013—2019 年海外投资险总保额超过 3 000 亿美元。中国人寿为 10 余家企业境外财产和项目提供风险保障。股权投融资机构方面，丝路基金、中非中拉产能合作基金等对外投融资基金相继成立（见表 3–4），参与一批境外重大项目的投融资合作，助力有关项目取得积极进展。

表 3–4　国内主要对外合作基金

序号	基金名称
1	丝路基金
2	中非中拉产能合作基金
3	中国—中东欧基金
4	中拉合作基金
5	中非发展基金
6	中国—阿联酋共同投资基金
7	中国东盟投资合作基金
8	中国—加拿大自然资源投资合作基金
9	中国—欧亚经济合作基金

（三）综合服务体系不断优化

各类走出去公共信息服务平台建设不断加强，企业获取重点国家合作需求、风险提示等信息服务的渠道更加畅通。有关部门、金融机构和智库定期发布对外投资合作领域相关报告，如《对外投资合作国别（地区）指南》《中国对外投资合作发展报告》《中国对外直接投资统计公报》《国别投资经营便利化状况报告》等，对企业开展对外投资合作的信息服务更加丰富。机制化举办各类对外投资和国际产能合作论坛，如中国—东盟博览会国际产能合作专题论坛、中国中部国际产能合作论坛、国际产能合作论坛暨企业对外投资洽谈会等，企业走出去的合作平台更加多样。税收协定网络拓展至100余个国家，签证、外汇、进出口等手续进一步简化，人员、资金、货物跨境流动的便利化程度明显提升。

四、对外投资合作有力促进互利共赢

（一）中国企业投资是世界经济的重要稳定器

近年来，受全球需求萎缩及各国限制外资政策影响，全球跨国直接投资持续低迷，呈现连年下降趋势。在此背景下，中国企业境外投资保持基本稳定，2013—2018年年均增速达到5.8%，稳居世界前三位。中国企业投资帮助许多面临危机的国外企业免于破产倒闭，保留了大量可能被削减的工作岗位，为维护世界经济稳定发展作出了重要贡献。

（二）中国企业投资促进国内和东道国产业升级

境外投资既有力促进了国内产业转型升级，推动了国内经济高质量发展，也为东道国产业发展提供了重要助力。通过基础设施投资建设合作，中国企业帮助东道国建设交通网线、通信设施，有效提升了当地基础设施水平，发挥了基建投资对经济增长、民生改善的关键作用，开辟了东道国经济发展新空间。通过资源能源领域投资合作，中国企业帮助东道国提高了资源产品附加值，将资源优势转化为发展动力。通过开展属地化经营，中国企业在当地培养了大批人才，分享适用技术和管理经验，推动建立当地产业体系，帮助东道国企业融入全球价值链。

» 专栏 3-20

秘鲁拉斯邦巴斯铜矿项目

拉斯邦巴斯铜矿项目位于秘鲁南部安第斯高原，铜金属储量超过 650 万吨，产能位居世界前十大铜矿山之列。2014 年，五矿集团联合国新国际、中信金属收购项目全部股权。2017 年底，项目按期达产，年产铜金属 45.4 万吨。项目收购、建设投资共 105 亿美元。截至 2019 年底，项目累计生产铜金属 155 万吨。

项目投产以来，累计缴纳矿业资源税约 3 亿美元，每年直接拉动秘鲁 GDP 增长约 1.5 个百分点，创造直接工作岗位 9 000 余个，成为秘鲁经济发展重要引擎。同时，项目公司坚持投入资金推动当地物种保护、植树造林等公益事业，取得了良好社会效益。

秘鲁拉斯邦巴斯铜矿矿区

» 专栏 3-21

哈萨克斯坦奇姆肯特炼厂现代化改造项目

奇姆肯特炼厂现代化改造项目是中哈产能合作重点项目，由中石油负责实施。项目位于哈萨克斯坦第三大城市奇姆肯特市，是哈萨克斯坦三大炼油厂之一，设计年原油加工能力600万吨。奇姆肯特炼厂现代化改造项目于2014年启动实施，2018年改造完成后，炼厂生产的汽、煤、柴油质量指标由欧Ⅱ分别提升至欧Ⅳ、欧Ⅴ标准。

目前，奇姆肯特炼厂已是具有国际先进水平、环保达标的现代化工厂，扭转了哈萨克斯坦成品油依赖进口的局面，有效推动了清洁能源应用，促进了我国产品、设备、技术和服务出口，提高了中国品牌美誉度。2018 年 9 月，哈萨克斯坦首任总统纳扎尔巴耶夫亲临项目投产仪式，对奇姆肯特炼厂改造工程给予高度赞扬和肯定。项目还多次获得哈萨克斯坦政府颁发的各类奖项。

哈萨克斯坦奇姆肯特炼厂现代化改造项目

（三）中国企业投资推动东道国社会发展

我国政府历来倡导企业在走出去过程中履行社会责任，通过对外投资合作促进东道国社会发展。2013—2018 年，境外中资企业向东道国政府缴纳各种税金总额超过 2 000 亿美元，为当地创造近 800 万个就业岗位。同时，中国企业帮助东道国建设给排水管道、学校、医院等民生设施，有效改善了大量发展中国家人民的生产生活条件，提高了当地医疗教育水平。此外，中国企业积极参与东道国社会公益事业，帮助东道国应对洪水、地震、飓风、泥石流等自然灾害，获得了当地政府和民众的广泛赞誉。例如，中远海运集团在希腊比雷埃夫斯港的运营过程中，积极参与该港口附近海域沉船打捞行动，保障航海安全、减少海洋环境污染，同时还为当地贫困居民提供食物、援建学校，获得了当地居民的高度认可。

» **专栏 3-22**

巴西圣诺伦索供水系统项目

圣诺伦索供水系统项目位于巴西圣保罗州伊比乌纳市，是圣保罗水务公司为改善圣保罗都市圈西部地区供水设施而公开招标的PPP项目，设计日供水能力41万吨，可为近200万名当地居民提供用水保障。

项目于2014年4月开工建设，特许经营期持续到2039年4月。2018年5月，中国能建葛洲坝集团收购圣诺伦索供水系统公司100%股权，并承担该项目特许经营期内的运营管理责任。2018年7月，项目正式投入商业运营。截至2020年6月，项目累计供水1.8亿吨。项目建设高峰期为当地创造了4 000余个就业岗位，投入运营以来显著改善了巴西圣保罗都市圈西部地区的供水能力，葛洲坝巴西公司被授予“中巴交流最高荣誉勋章”。

巴西圣诺伦索供水系统项目厂区

（四）中国企业投资带动中外人文交流

交流互鉴是人类文明发展进步的强大动力。中国企业对外投资合作将东方经营理念、中国文化习俗等带向全球各地，深化了人文交流，为不同文明、民族之间互学互鉴、加深理解创造了有利条件，促进了中国文化与世界各国优秀文化的相互交融，对于增进互信、深化人类命运共同体理念共识具有重要意义。例如，三峡集团在与葡萄牙电力公司开展合作的同时，先后资助葡萄牙古代艺术博物馆、中葡当代艺术展、葡萄牙茉莉花合唱团在北京参加国际合唱节等活动，促进中葡两国文化交流，赢得了葡方各界高度肯定。

第六节

服务开放发展的金融体系逐步形成

金融服务业双向开放水平显著提升，资本账户开放程度进一步提高，人民币国际化进程稳步推进，我国金融体系的开放程度和国际竞争力显著提升，服务开放发展的金融体系更加完善。

一、金融业双向开放有序扩大

近年来，我国坚持以我为主，稳步扩大金融业开放，集中宣布超过 50 条具体开放措施。大幅放宽银行、证券、保险、征信、评级、支付等领域的准入限制。彻底取消银行、金融资产管理公司、证券公司、基金管理公司、期货公司、人身险公司的外资持股比例。大幅扩大外资银行业务范围，不再对外资证券公司和保险经纪公司业务范围单独设限，实现内外资一致。不断放宽外资机构准入的资产规模、经营年限及股东资质等要求。开放银行卡清算市场，明确非银行支付机构的外资准入政策，给予外资国民待遇。允许外资评级机构对银行间债券市场和交易所债券市场所有类别债券评级。多措并举，稳步推进资本市场双向开放，稳妥有序推进资本项目可兑换。银行间债券市场的境外发行主体和投资主体不断扩大，会计、税收、交易等配套制度不断完善。沪港通、深港通、债券通、沪伦通相继推出，境内外金融市场互联互通取得实质性突破。推出面向国际投资者以人民币计价的原油期货，铁矿石等商品期货引入境外交易者。不断完善合格机构投资者外汇管理制度，取消合格境外机构投资者（QFII）和人民币合格境外机构投资者（RQFII）投资额度限制。

（一）银行业双向开放取得积极进展

2014年以来，我国相继出台《中国银保监会外资银行行政许可事项实施办法》《中华人民共和国外资银行管理条例》《中国银监会办公厅关于外资银行开展部分业务有关事项的通知》等推动银行业扩大开放的政策举措。外商投资银行业金融机构限制逐步减少，行政审批便利化程度不断提高，外资银行在华发展势头良好。截至2019年10月，外资银行在华设立了41家外国银行法人、114家母行直属分行和151家代表处，外资银行营业机构达到

976 家，在华外资银行资产总额达 3.37 万亿元人民币。随着“一带一路”建设深入推进、新兴及发展中经济体经济实力不断增强，我国与新兴经济体尤其是“一带一路”沿线国家的贸易投资额显著增加，中西亚、非洲、拉美地区等日益成为中资银行开拓的重要区域。

（二）证券业双向开放力度进一步加大

近年来，我国加快推进证券、基金等行业对外开放，逐步取消外商投资准入限制，外商投资证券业规模迅速扩大。2017 年 7 月，我国境内首家由境外股东控股的证券公司正式成立，标志着金融开放力度的进一步加大。截至 2019 年底，共有 15 家合资证券公司、44 家合资基金管理公司和 2 家合资期货公司。

（三）保险业开放程度进一步提升

保险业是开放时间最早的金融行业，我国持续积极履行加入 WTO 承诺，保险业在金融行业中率先实现全面开放，外资保险机构蓬勃发展。截至 2020 年一季度，境外保险机构在我国设立 64 家外资保险机构、124 家代表处和 18 家保险专业中介机构，外资保险公司总资产达 1.46 万亿元人民币。

（四）金融市场双向开放加快推进

使用人民币进行投资和配置资产的需求日趋增长。银行间债券市场投资、人民币合格境外机构投资者（RQFII）、人民币合格境内机构投资者（RQDII）、沪深港通、基金互认、债券通、黄金国际板等投资渠道陆续放开。境外发行人民币债券的境内主体和境内发行人民币债券（熊猫债）的境外主体类型日趋多元化。

证券市场双向投资稳步增长。2019 年 9 月，国家外汇管理局决定取消合格境外机构投资者（QFII）和人民币合格境外机构投资者（RQFII）投资额度限制，与此同时，RQFII 试点国家和地区限制也一并取消。2019 年，我国对外证券投资净流出额达 894 亿美元，较上年增长 67%。其中，股权投资 293 亿美元，债券投资 601 亿美元，分别增长 66% 和 68%。

二、汇率形成机制和跨境资金流动管理更加完善

（一）人民币汇率形成机制改革不断深化

2015 年以来，人民银行进一步完善以市场供求为基础，参考一篮子货币进行调节、有管理的浮动汇率制度，增强人民币汇率双向浮动弹性，保持人民币汇率在合理均衡水平上的基本稳定。2015 年 8 月 11 日，人民银行完善人民币汇率中间价报价机制，逐步形成了“收盘价 + 一篮子货币汇率 + 逆周期因子”的中间价形成机制，汇率机制的规则性、透明度和市场化水平显著提高。2019 年 8

月，在贸易保护主义升级、金融市场波动加大等因素的影响下，市场力量推动人民币对美元汇率“破7”，此后人民币汇率双向浮动弹性明显增强。2019年，人民币对美元汇率年化波动率为4%，与国际主要货币基本相当，汇率作为宏观经济和国际收支自动稳定器的作用明显增强。

（二）外汇管理制度不断完善

2013年7月，我国取消服务贸易相关外汇事前审批。服务贸易的外汇收入可以在规定期限内、按照规定的条件调回国内，也可以置于国外；可以自行保留，也可以办理结汇。为进一步深化资本账户下的外汇管理改革，提高管理效率，取消境内和境外直接投资项目下的外汇登记核准制度，银行对其审核后可以直接办理相关业务，同时还取消了境外再投资外汇备案以及直接投资外汇年检等，简化外汇业务办理程序。对外资企业的外汇资本金实行意愿结汇制度，比例暂定为100%，国家可根据具体情况进行调节。

（三）全口径外债管理水平不断提升

2015年，国家发展改革委将企业中长期外债管理由审批制改革为备案登记制，大幅提升跨境融资便利化水平，有效激发市场活力，推动一批综合经济实力强、国际化经营水平高、风险防控机制健全的企业和金融机构利用境外低成本资金拓展境内外业务。同时，按照“控制总量、优化结构、服务实体、防范风险”的原则，不断健全本外币全口径外债和资本流动审慎管理框架体系，科学调控重点行业和领域外债规模，持续优化外债结构，有效防范外债风险（见图 3–7）。着力引导中长期外债资金重点支持“一带一路”建设、京津冀协同发展、长江经济带发展、粤港澳大湾区建设、长江三角洲区域一体化发展、海南自由贸易港建设、黄河流域生态保护和高质量发展等国家重大区域发展战略以及高端装备制造、绿色发展、低碳环保等重点领域，加快推动传统产业转型升级，培育壮大新动能，助力供给侧结构性改革。

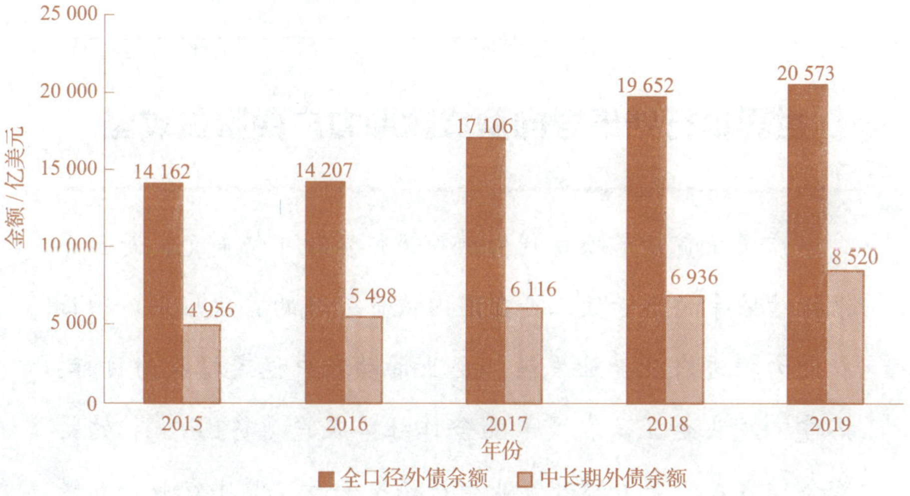

图 3–7 2015—2019 年我国外债规模变化情况

资料来源：国家外汇管理局。

在通过市场化方式主动用好境外低成本资金的同时，我国继续积极深化与世界银行、亚洲开发银行、欧洲投资银行等多边国际金融组织的优惠贷款合作，创新开展与亚洲基础设施投资银行、金砖国家新开发银行的首批优惠贷款合作。强化规划引领作用，聚焦扶贫攻坚和乡村振兴、生态环保、绿色金融、城市可持续发展、公共卫生、职业教育等重点领域，组织实施了一批创新性强、示范效果显著的项目。在充分发挥国际金融组织贷款长期低成本资金优势的同时，积极借鉴吸收国际先进经验，并通过国际金融组织平台加强知识合作，提供全球公共产品，分享中国经验。

》专栏 3-23

世界银行结果导向型贷款助力广西脱贫攻坚

广西扶贫示范项目利用世界银行贷款4亿美元，是世界银行结果导向型贷款工具在国内扶贫领域的首次应用。项目以大力推进农业产业发展、企业带动农户稳定增收为目标，搭建“龙头企业+农民专业合作社+农户（贫困户）”的紧密合作方式，着力提升农业生产科技含量，解决农业产业链短、产品附加值低的问题，对脱贫攻坚与乡村振兴规划的衔接起到积极的示范作用。该项目获得世界银行东亚和太平洋地区2019财年副行长奖。

世界银行结果导向型贷款广西扶贫示范项目

» 专栏 3-24

亚洲开发银行贷款综合改善湖北省宜昌城市交通

湖北省宜昌城市交通综合改善项目利用亚洲开发银行贷款1.5亿美元。项目服务范围覆盖伍家区、西陵区、高新区、夷陵区、猇亭区、点军区等六大区域。已形成“1走廊+36支”的快速公交线网（BRT），全程运行时间比原普通公交缩短约三分之一，市民乘公交出行更方便、快捷、舒适。2015年该项目被亚洲开发银行评为国内唯一的“世界可持续交通项目最佳案例”及“项目最佳表现奖”；2016年宜昌市获“世界可持续交通奖”。

湖北省宜昌城市交通综合改善项目

三、人民币国际化稳步推进

（一）人民币跨境使用范围拓展频率提高

人民币国际使用经历了从经常账户到资本账户、从银行企业到个人、从简单到复杂业务逐步发展的过程，作为国际货币功能也从单一的支付结算向投融资、交易计价、储备拓展。人民币跨境结算试点政策逐渐推广至全国，业务范围涵盖货物贸易、服务贸易和其他经常项目结算。随着跨境贸易人民币结算试点的深入推进，境内外机构使用人民币进行直接投资政策试点有序开展。对外直接投资和外商直接投资人民币跨境结算从无到有，在直接投资跨境收付中的份额不断扩大，由2010年的不到5%逐年上升至2019年的近50%。人民币跨境贸易融资、境外项目人民币贷款、境内企业境外放款、跨境人民币资金池业务等政策也陆续推出并不断完善。2019年，跨境人民币收付金额合计19.7万亿元，占同期本外币跨境收付金额的比重为38.1%，人民币已连续8年成为中国第二大国际收付货币，全球第五大支付货币、第三大贸易融资货币、第八大外汇交易货币。超过32万家企业和270多家银行开展跨境人民币业务，与我国发生跨境人民币收付的国家和地区超过230个。

（二）人民币国际货币地位初步奠定

2015年11月30日，国际货币基金组织（IMF）决定将人民币纳入特别提款权（SDR）货币篮子。2016年10月1日，新的SDR篮子正式生效，各国货币权重进行了新的调整，美元、欧元、人民币、日元、英镑的权重分别为41.73%、30.93%、10.92%、8.33%和8.09%。人民币成为美元、英镑、欧元、日元外第五种加入SDR的货币，意味着人民币成为全球主要储备货币之一。人民币加入SDR，顺应了国际货币体系发展的客观要求，人民币的国际储备货币地位获得正式确认，有力推动了人民币国际化水平的进一步提升。截至2019年底，人民币外汇储备占全球外汇储备之比在主要储备货币中排名第5位，全球已有70多个央行或货币当局将人民币纳入外汇储备。

（三）与各国央行合作成果丰硕

双边本币互换规模和范围日趋扩大。我国先后与38个国家和地区的央行或货币当局签署了双边本币互换协议，总金额超过3.7万亿元人民币。本币互换安排对便利我国与有关国家和地区贸易投资、维护金融稳定、促进人民币国际使用发挥了积极作用。截至2020年7月底，已签署双边本币互换有效协议达27份，总金额达3.2万亿元人民币。

人民币清算机制安排不断健全。为顺应境外人民币市场发展及扩大金融市场双向开放的需要，中国人民银行先后与境外央行或货币当局签署了合作备忘录，在25个国家和地区建立人民币清算机制安排并授权27家当地银行担任人民币清算行，其中中资清算行25家、外资清算行2家，已覆盖我国港澳台地区、东南亚、欧洲、中东、非洲、南北美洲、大洋洲。

第七节

开放条件下经济安全保障能力逐步增强

随着对外开放的不断深化，我国经济深度融入世界，经济安全的重要性日益凸显。我国坚持以总体国家安全观为指导，正确处理好发展与安全的关系，妥善应对贸易、投资、金融等各领域的风险挑战，建立健全外商投资安全审查机制、海外利益保护和风险防控体系以及财政金融外汇风险防控体系，持续提升开放条件下经济安全保障能力。

一、外商投资安全审查机制更加完善

（一）外商投资安全审查法律体系已经形成

2015 年 7 月，我国修订《中华人民共和国国家安全法》，首次在法律中提出建立国家安全审查制度，并将外商投资安全审查作为重要组成部分。2019 年 3 月，我国颁布外商投资法，再次对外商投资安全审查制度作出原则性规定。同年 12 月颁布的外商投资法实施条例也明确了外商投资安全审查有关条款。目前，已初步形成外商投资安全审查法律法规体系，为开展外商投资安全审查奠定了坚实的法律基础。

（二）外商投资安全审查决定的法律效力更加明确

通过立法明确了外商投资安全审查决定的法律效力。外商投资安全审查是联合国《各国经济权利和义务宪章》规定的东道国经济主权中外资管理权的重要内容。国际多双边投资规则中也普遍设置了国家安全例外条款，充分保障东道国维护国家安全的权利。我国外商投资法第三十五条第二款规定，依法作出的安全审查决定为最终决定。该规定赋予外商投资安全审查决定最终的法律效力。外商投资安全审查行使的是国家经济主权，安全审查决定体现国家意志，其权威不容挑战，必须坚决执行。

（三）外商投资安全审查范围逐步完善

2011 年 2 月，国务院办公厅印发《关于建立外国投资者并购境内企业安全审查制度的通知》，建立起外资并购安全审查制度，对外资并购境内企业进行审查，涵盖国防军工以及重要农产品、能源和资源、基础设施、运输服务和关键技术、重大装备制造等领域。2015年4月，国务院办公厅印发《自由贸易试验区外商投资国家安全审查试行办法》，在自贸试验区内试点将审查对象拓展至新建投资，并将重要文化、重要信息技术产品和服务等领域纳入审查范围，同时还将协议控制、代持、信托、再投资、境外交易、租赁、认购可转换债券等投资方式置于监管视野。

二、海外利益保护和风险防控体系基本建立

（一）境外投资风险防范制度逐步完善

出台《关于进一步引导和规范境外投资方向的指导意见》，引导企业合理有序开展境外投资。深入推进境外投资领域“放管服”改革。建立对外经济合作领域联合惩戒机制，为加强对对外投资合作的信用监督管理提供了制度保障。不断完善海外投资保险制度，中国出口信用保险公司累计支持的国内外贸易和投资规模超过4.6万亿美元，总体业务规模及主要险种规模均位居全球之首，为我国企业走出去提供了坚实保障。

（二）维护我国企业海外利益的国际合作不断加强

扎实推进国际合作，妥善处理涉及境外中资企业海外利益的相关问题。与超过130个国家签订双边投资保护协定，从法律层面为我国企业境外投资提供保护。对外正式签署111个避免双重征税协

定，累计发布99个国家（地区）投资税收指南，为走出去纳税人提供及时、权威的税收法律法规和政策指引。与83个国家和地区建立警务合作关系，向25个使领馆派驻40名警务联络官，同时通过执行利比亚和也门非战斗撤侨任务、亚丁湾武装护航、参与联合国维和等领事保护和软军事行动，有力保护我国企业海外利益。

（三）海外利益保护意识和风险防控能力逐步提升

企业是境外投资的主体，其境外投资风险意识与防范能力的强弱，是海外利益保护机制中最重要的环节。中国企业在大踏步走向世界的同时，培养了大批国际化人才队伍，对国际投资规则、商业惯例、纠纷解决机制和东道国政治、经济、社会环境的了解更为深入，积累了较为丰富的国际投资经验，维权意识和风险防控能力不断提高。

» 专栏 3-25

《企业境外经营合规管理指引》

2018年12月，国家发展改革委会同有关部门出台《企业境外经营合规管理指引》（以下简称《指引》），明确了企业在海外开展投资、贸易、工程承包、日常经营过程中加强合规管理的具体要求。同时，国家发展改革委指导贸促会、有关行业协会等举办一系列专题培训，围绕实施《指引》，以政策解读和座谈交流相结合的方式，提升企业境外合规管理人员专业能力，指导企业识别和防范境外经营中的合规风险。

2019 年 12 月，第二期企业境外经营合规管理研修班在京举办

（四）社会组织作用进一步彰显

行业协会协助制定并发布电力、建材等行业国际产能合作指引文件，高质量推进相关行业国际产能合作。相关涉外智库协助编制对外投资合作国别指南、国别投资经营便利化状况报告、境外中资企业

机构和人员适应性教材和安全管理指南等，为企业走出去提供决策支持和咨询服务。引导企业组建境外中资企业商（协）会，及时沟通交流东道国政策调整、业务机会、舆情动向、风险预警等信息，组织参与投资东道国公益事业、注重环境保护，开展投资地采购、与本地企业合作，充分展现中资企业良好形象，实现属地化经营和可持续发展。

三、金融财政风险防控体系稳步形成

（一）防范化解重大金融风险攻坚战取得关键进展

金融风险防范意识、预警能力和管理水平全面提高，外汇管理体制不断改革深化，防范化解重大金融风险攻坚战取得关键进展，金融机构和金融市场抵御风险能力全面提升。按照党中央、国务院关于“稳定大局、统筹协调、分类施策、精准拆弹”的基本方针和政策，各类金融风险治理工作稳步推进并取得明显成效。宏观杠杆率过快上升势头得到有效遏制，影子银行治理成效明显，重点金融机构风险处置取得重大突破，外部冲击风险得到有效应对，企业债务违约风险得到妥善处置，互联网金融风险得到全面治理，股市、债市、汇市运行总体平稳。长效机制建设不断加强，全口径外债管理不断完善。初步建立金融业综合统计、系统重要性金融机构、金融控股公司、金融基础设施等统筹监管框架，丰富宏观审慎管理工具箱，完善防范和处置互联网金融风险、金融科技监管长效机制，金融企业公司治理结构明显改善。外汇管理体制和重点领域改革不断深化，外汇管理方式加速转变，贸易投资自由化便利化水平不断提升。境外投资外汇管理制度不断完善，外汇形势监测能力得到提升，跨境资金流动风险得到有效应对。人民币汇率形成机制进一步完善，汇率市场化改革不断推进，以市场供求为基础、参考一篮子货币进行调节、有管理的浮动汇率制度进一步完善，人民币汇率双向浮动弹性明显增强。外汇储备经营管理和多元化运用水平不断提升。

（二）地方政府债务监督管理风控体系初步形成

现代财政治理体系和能力建设取得新突破，财税法治建设不断取得新进展，财政管理水平不断提升，地方政府债务风险逐步化解。按照“开前门、堵后门”的思路，合法合规举债的“前门”得到有效保障，地方政府获得依法适度举债融资权限，地方政府债务限额得到合理确定，以政府债券为主体的地方政府举债融资机制不断完善，地方政府债券发行使用和风险防控工作不断推进。地方政府专项债券管理改革稳步推进并取得成效，专项债券使用范围不断扩大。违法违规举债的“后门”得到有效控制，在法定限额外违法违规或变相举债行为得到有效遏制。地方政府隐性债务风险监管政策进一步完善，风险防控能力进一步加强。地方融资平台公司融资行为继续规范，常态化监控机制进一步完善。

第四章

“十四五”时期建设更高水平开放型经济新体制面临新形势

“十四五”时期，世界百年未有之大变局深度演化，我国发展的内外部环境深刻变化。从国际看，在全球经济持续低迷的背景下，新冠肺炎疫情、新一轮科技革命、逆全球化、国际经贸规则变革、全球产业布局调整等多重影响交错叠加，不稳定不确定因素显著增多的同时，各国加强沟通合作的意愿依然强烈。从国内看，我国经济基本面长期向好，产业转型升级势头良好，开放优势转化、企业国际化经营能力提升等多重转变同步发生，同时对外开放不平衡不充分问题依然突出，持续扩大开放潜力巨大。“十四五”时期，建设更高水平开放型经济新体制面临的机遇前所未有、挑战更加严峻，机遇大于挑战。

第一节

国际形势

未来五年，世界政治经济格局将发生深刻变化。贸易投资保护主义将制约经济全球化进程，新一轮科技革命和产业变革深入发展，将推动全球产业链、供应链和价值链加速融合重组；数字技术促使各国依存程度日益加深，也将重构产业和贸易形态；新兴经济体和发展中国家群体性崛起，将进一步扩大世界市场需求；主要大国力量对比变化继续推动世界多极化发展，并推动全球治理体系变革。

一、经济全球化遭遇回头浪但深入发展趋势不变

保护主义泛起导致贸易摩擦增多。近年来，美国单边主义横行，先后挑起与中国、墨西哥、加拿大、欧盟、印度等贸易摩擦，

采取不断加征关税、设置非关税壁垒等措施，导致全球范围内贸易摩擦事件频发，破坏现有国际经济合作秩序，扰乱全球产业链价值链体系。受疫情影响，一些国家实施“优先购买国货”“优先供应本国”政策，扩大战略物资、重要产品和先进技术出口管制，全球正常贸易秩序受到更大冲击。

国家安全泛化制约投资便利化自由化。近年来，美国和其他一些发达国家不断泛化国家安全概念，以此为由持续收紧外资安全审查，对跨境投资造成的阻碍持续增加。例如，美国出台《外国投资风险评估现代化法案》及其配套的实施细则，大幅扩展外资安全审查权限，将 27 个重点行业纳入强制审查范围并增加审查程序的复杂性。受疫情影响，澳大利亚将外资审查门槛临时调低为 0 澳元，导致审查“全覆盖”，还准备新设独立的国家安全测试制度。加拿大将公共卫生相关领域也纳入外资审查范围。欧盟多国也纷纷收紧外资并购政策。全球资本流动面临的壁垒进一步筑高，投资便利化自由化程度明显降低。

全球金融协调机制难以满足国际金融治理需要。随着新兴经济体和发展中国家的经济实力日益增强，各国际金融组织的代表性、前瞻性未能与时俱进，权利分配未能及时恰当地反映国际经济格局的重大变化，导致国际金融组织协调能力不足，难以有效协调各主要经济体的货币政策，难以有效组织新兴经济体和发展中国家应对超常规货币政策的外溢效应。

经济全球化深入发展大趋势不会改变。经济全球化为各国带来经济发展所需的资本、先进技术和管理经验，为各国发挥自身资源禀赋优势创造更多机会，也促进了人员交流和文化互鉴。贸易投资保护主义等逆全球化现象可能会因为局势变化不时出现，但是经济全球化符合经济发展的客观规律，符合多数国家的根本利益，符合人类开放融合的历史发展方向。随着全球交通和通信等行业深入发展，商品、信息、技术和人才等在全球范围内跨境交流将不断深化，经济全球化深入发展的历史大势不可逆转，我国深度参与经济全球化仍面临巨大机遇。

二、新一轮科技革命和产业变革孕育新机也加剧竞争

新一轮产业变革将重塑全球产业格局。以信息技术、生物技术、新能源技术革命为主导的第四次工业革命，不仅成为促进国际投资、贸易和经济增长的三大动力源，而且正在重塑国际生产方式、消费方式和分工格局。大数据、云计算、人工智能、物联网、虚拟现实/增强现实/混合现实、区块链等数字技术与生物技术、增材制造、新材料、新能源、空间海洋开发等新技术加速发展，正在引发以绿色、智能、共享为特征的群体性技术革命和产业创新。尤其是5G、人工智能、区块链等新一代信息技术将持续促进技术创新、业态创新和模式创新，使产业发展融合化、生产方式智能化、组织方式平台化、技术创新开放化成为重要趋势，为我国开放发展提供新的机遇。同时，各国围绕创新展开的竞争日益激烈，美欧仍保持全球主

要创新地的领先地位，新兴经济体持续加大对科技创新的投入并日益成为全球科技创新和产业变革的重要力量，国际环境日趋复杂，不稳定性不确定性明显增强，给我国开放发展带来更多挑战。

» 专栏 4-1

华为麒麟 990 5G 手机处理器芯片

华为麒麟 990 5G 手机处理器芯片，采用 7 纳米 +EUV（极紫外线光刻技术）工艺，在仅有指甲大小的方寸之间集成多达 103 亿个晶体管，是 2019 年商用的晶体管数最多、功能最完整、复杂度最高的 5G SoC（System on Chip）系统级芯片。

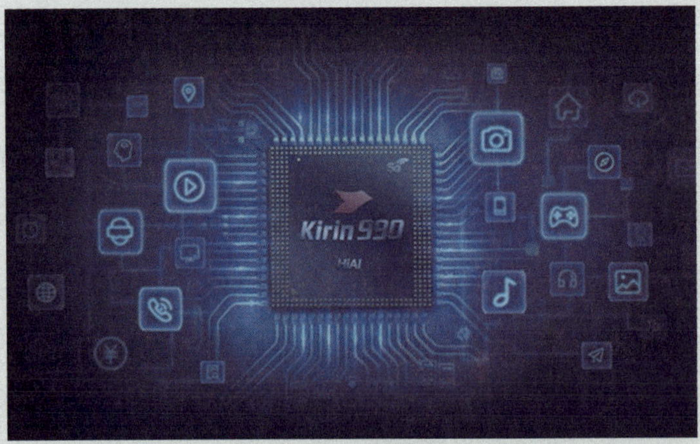

华为麒麟 990 5G 芯片

数字贸易将重构国际贸易格局。国际贸易正从劳动力和资本主导的传统比较优势向创新主导的技术比较优势加速转换，这一趋势对提高劳动者素质、加大创新投入和加强知识产权保护等都提出更高要求。数字技术显著降低贸易成本、大幅提高贸易效率，提升服务贸易水平，扩大货物贸易增长空间，催生数字贸易新形态。尤其是跨境电商等新兴贸易业态不断涌现，将为我国中小微企业提供更多市场机会，促进普惠贸易发展。同时，全球数字经济的发展并不平衡，各国在跨境数据流动、市场准入、隐私保护、知识产权保护等方面各有诉求，数字贸易规则有待进一步完善。

三、中国与全球产业链供应链深度融合

商品流动加速全球产业融合发展。改革开放40多年来，我国加速融入全球产业分工体系和贸易体系，逐渐发展成为"世界工厂"。在500余种主要工业品中，我国有220多种产量位居世界第一，其中汽车、工业机器人等产量全球占比超过30%，粗钢、主要有色金属、水泥、纺织纤维加工等产量全球占比超过50%。作为全球120多个国家和地区的最大贸易伙伴，我国已经成为全球供应链上不可或缺的重要环节。随着国际分工由产业内分工向产品内分工深化发展，全球产业链融合发展的态势更趋明显，为我国进一步深度参与国际分工提供有利契机。

双向资本流动拉紧我国与世界的联结纽带。随着我国持续扩

大开放，越来越多的外国企业来华投资设厂、生产经营，中国企业走出去开拓全球市场的步伐也不断加快，利用外资和境外投资的规模稳步扩大、水平不断提高，资本双向流动既为我国带来了先进技术、经营理念、管理经验和市场机会，也为世界带去了中国的优质产能、装备、技术和服务，促进了全球范围内要素有序流动、资源优化配置，使得全球产业链供应链布局更加合理、分工更加高效。世界各国产业发展愈发形成一个“你中有我、我中有你、密不可分”的格局。虽然贸易投资保护主义、新冠肺炎疫情等不利因素在中短期内对现有全球产业链供应链造成较大冲击，但长期来看，中国的发展离不开世界，世界也需要中国，我国通过双向跨境投资与全球产业链供应链的联结将更加紧密。

四、新冠肺炎疫情冲击全球经济加速国际产业布局调整

疫情全球蔓延重创世界经济。截至 2020 年 6 月底，全球受疫情冲击的大部分经济体都曾经或者仍处于封锁状态，市场需求被严重抑制，经济增长、国际贸易、就业收入均遭受严重打击，全球经济陷入衰退。根据国际货币基金组织（IMF）预测，2020 年全球经济增速为 –4.9%，其中欧元区为 –10.2%，美国为 –8%，日本为 –5.8%（见表 4–1）。根据 WTO 报告，2020 年一季度全球商品贸易量同比下降 3%，二季度下降约 18.5%。根据联合国贸发会议（UNCTAD）预测，2020 年全球跨国直接投资将大幅下降 40%。全

球经济衰退将导致外部需求减少，对全球贸易投资造成进一步负面影响。为有效缓解疫情对本国经济的冲击，各国政府纷纷采取更大力度的财政货币刺激政策，导致全球债务风险进一步上升，限制未来几年各国财政货币政策空间，将对世界经济复苏进程产生深远影响。

表 4–1　IMF 全球经济增长预测

经济体	实际 GDP 年增长率 /%		
	2019 年	2020 年（预测）	2021 年（预测）
全世界	2.9	–4.9	5.4
发达经济体	1.7	–8.0	4.8
美国	2.3	–8.0	4.5
欧元区	1.3	–10.2	6.0
德国	0.6	–7.8	5.4
法国	1.5	–12.5	7.3
意大利	0.3	–12.8	6.3
西班牙	2.0	–12.8	6.3
日本	0.7	–5.8	2.4
英国	1.4	–10.2	6.3
加拿大	1.7	–8.4	4.9
其他发达经济体	1.7	–4.8	4.2
新兴市场和发展中经济体	3.7	–3.0	5.9
亚洲新兴市场和发展中经济体	5.5	–0.8	7.4
中国	6.1	1.0	8.2

续表

经济体	实际 GDP 年增长率 /%		
	2019 年	2020 年（预测）	2021 年（预测）
印度	4.2	–4.5	6.0
东盟五国	4.9	–2.0	6.2
欧洲新兴市场和发展中经济体	2.1	–5.8	4.3
俄罗斯	1.3	–6.6	4.1
拉丁美洲和加勒比	0.1	–9.4	3.7
巴西	1.1	–9.1	3.6
撒哈拉以南非洲	3.1	–3.2	3.4
南非	0.2	–8.0	3.5
低收入发展中国家	5.2	–1.0	5.2

资料来源：国际货币基金组织（IMF）。

疫情加速国际产业布局调整。疫情影响下，以最低成本和最高效率为导向的经济全球化出现退潮趋势，全球产业链供应链区域化、本地化、分散化、多元化倾向增强，现有全球产业分工体系发生重大变化，传统的“东亚生产—欧美消费—其他地区提供能源资源”的世界经济大循环格局可能重塑，区域经济循环有望进一步强化，区域全面经济伙伴关系协定（RCEP）、全面与进步跨太平洋伙伴关系协定（CPTPP）等区域性贸易投资协定作用将进一步凸显。这些变化可能会在短期内对我国在全球产业链供应链价值链的定位造成一定程度的冲击。但我国拥有庞大的市场规模、完善的基础设施、完备的产业链体系、丰富的人力资源，经济仍具备较强的发展韧性和内生动力，在统筹疫情防控和经济发展过程中体现出很强的抗风险能力。长期来看，疫情加速国际产业布局调整将有利于我国充分挖掘超大规模市场优势和内需潜力，更好参与国际分工，加快形成以国内大循环为主体、国内国际双循环相互促进的新发展格局。

五、全球治理体系特别是国际经贸规则面临重大变革

新兴经济体和发展中国家不断崛起重塑全球治理格局。新兴经济体和发展中国家群体性崛起，在全球治理中的参与度和话语权不断增强，国际力量对比更加平衡，有利于推动全球经济治理体系朝着更加合理公正的方向发展。这将为我国积极参与全球经济治理，为发展中国家争取更多话语权带来更多机遇。我国提出并推动实施共建“一带一路”倡议，逐步形成了以人类命运共同体理念为引领、以共商共建共享为根本原则、以互联互通为基础、以多双边合作为平台的全球经济治理中国方案，国际影响力持续提升，成为全球经济治理的重要参与者、引领者。

基于开放、透明、非歧视规则的多边贸易体制走到十字路口。以 WTO 为核心的多边贸易体制是自由贸易和经济全球化的制度基石。WTO 成立 25 年来，在农业等传统议题谈判进展缓慢，国际贸易争端难以有效解决，全球贸易合作机制碎片化和区域化趋势更加

明显。各方在上诉机构、发展中国家地位、透明度和通报、投资便利化、竞争规则、政府采购规则等 WTO 规则改革主导权方面竞争日益激烈。美国阻止 WTO 上诉机构成员任命、威胁退出 WTO 等行径进一步加剧 WTO 发展困境。

全球产业链发展推动构建高标准国际经贸规则。全球生产、服务、贸易、投资、金融一体化发展成为新一轮经济全球化的主要特征。中间品贸易占主导地位，要求各国共同推动贸易便利化以降低贸易成本。大幅消除关税壁垒、减少各种非关税壁垒和增强政府补贴透明度、减少其对市场运行扭曲的高标准国际经贸规则将成为创新变革的方向。

六、非传统安全和传统安全风险交织

粮食能源资源约束增强。粮食能源资源是整个世界经济发展的基础保障，直接关系到各国社会和谐稳定、国民经济可持续发展。一方面，由于气候变化、局部战争、自然灾害、社会动乱等导致全球粮食能源资源生产可持续增长面临较大不确定性。另一方面，世界人口不断增长和生活水平提高，全球粮食能源资源消费需求快速增长。尤其是随着超过世界人口 80% 以上的发展中国家的工业化、城镇化进程加快，粮食能源资源约束与发展需求的矛盾日益突出。

反恐困局与网络安全隐患突出。恐怖主义、民族分裂主义、宗教极端势力等暴力恶性案件增多，受恐怖主义影响的国家和地区数量连续多年上升，恐怖势力跨区域流动性增强，恐怖袭击的手段、方式增多，给各国经济发展带来较大风险，也给推进共建"一带一路"造成不利影响。随着网络信息化加快发展，网络黑客攻击等安全隐患突出。5G、人工智能等新技术在工业互联网、远程医疗等领域促进形成大量新业务的同时，也将带来新的安全风险。

公共卫生安全治理面临挑战。此次新冠肺炎疫情充分暴露全球公共卫生安全治理的缺陷和短板。尽管世界卫生组织（WHO）在应对疫情方面发挥了举足轻重的核心作用，但全球仍缺乏完善的疫情监测预警网络和公共卫生应急管理合作机制，制约了各国合作应对疫情的速度和能力。特别是，在全球抗击疫情的关键时刻美国宣布退出 WHO，削弱了该组织在公共卫生领域统筹调配全球力量和资源、应对新冠肺炎疫情等全球公共卫生危机的能力。长期来看，如全球公共卫生治理的现状无法得到及时有效改善，传染性疾病的全球扩散态势可能进一步加剧，全球性公共卫生安全威胁加大和治理体系落后之间的矛盾将更加突出，危及全球经济可持续健康发展，恶化我国扩大开放的外部环境。

第二节

国内形势

未来五年，我国经济基本面长期向好，对外开放传统优势有所弱化但新优势正在形成，企业国际化经营能力明显提升，部分领域、区域对外开放潜力较大，推动高水平对外开放更加需要也更多助力深层次改革。

一、经济基本面长期向好决定外贸外资基本盘长期向好

我国经济总量稳居世界第二位。2019 年在全球经济增长疲软、外部环境不确定性增多的情况下，我国经济延续总体平稳的发展态势，GDP 达 99.1 万亿元人民币，同比增长 6.1%，世界占比超过 16%。人均 GDP 达 10 276 美元，接近世界银行规定的 12 736 美元

的高收入水平界限。“十四五”期间，巨大的经济规模使我国成为推动世界经济发展的关键变量，为稳固外贸外资基本盘奠定了坚实基础。

产业结构持续优化升级。长期以来，我国坚持巩固和加强第一产业，提升和改造第二产业，大力发展第三产业。在农业方面，基本实现了由单一种植业为主的传统农业向农林牧渔业全面发展的现代农业转变，农林牧渔业生产基本保持稳定，主要农产品产量位居世界前列。在工业方面，已建立起门类齐全、独立完整、有较高技术水平的现代工业体系，制造业占全球比重自 2010 年起稳居世界首位。在服务业方面，2012 年占 GDP 比重首次超过第二产业，2019 年服务业比重提升至 53.9%，成为三次产业中的第一引擎。“十四五”期间，我国产业结构将继续优化升级，经济增长将继续由主要依靠第二产业带动向依靠三次产业共同带动转变，为外贸外资增长拓展了新空间。

需求结构继续深入调整。近年来外需的贡献率呈下降趋势，内需的贡献率逐步上升。在消费方面，我国居民消费已由生存型消费向发展型消费升级、由物质型消费向服务型消费升级、由传统消费向新型消费升级，消费对经济发展的基础性作用将进一步凸显。2019 年我国最终消费率已达 55.4%。在投资方面，中西部地区和农村地区的基础设施还相对落后，公共卫生、应急物资等社会民生领域补短板需求依然旺盛，高技术制造业等新兴领域发展持续吸引大量投资，投资结构呈现调整优化态势。“十四五”期间，由于外部环境趋紧，内需将继续成为推动我国经济发展的主要动力，为扩大进口促进贸易平衡发展提供了机遇，也为外资企业在华深耕发展激活了新动能。

二、对外开放传统优势有所弱化新优势正在形成

改革开放以来，我国依靠低成本的劳动力、土地、资源、环境等要素的大规模投入，实现了经济的高速增长。但随着劳动力、土地等成本持续上升，资源约束日益趋紧，环境承载能力接近上限，依靠低要素成本的粗放型、低效率增长模式已难以为继。“十四五”时期，我国产业配套、创新研发、基础设施、高素质人才等新优势的作用将更加凸显。

在产业配套方面，我国具有较为完备的产业体系。目前我国是全世界唯一拥有联合国产业分类中全部工业门类的国家，拥有完备的产业链和供应链体系，以及一批规模化、高水平的先进制造业基地和优势产业集群。2019 年，我国在世界工业生产总值占比超过 20%，居世界第一位。门类齐全的产业体系增强了我国经济的内生循环和抗风险能力，也为我国提高对外开放水平提供了有力依托。

在创新研发方面，我国实现了从模仿到创新的质变飞跃。在世界知识产权组织公布的 2019 年全球创新指数排名中，我国位列第 14 位。我国发明专利申请量多年居世界第一位，国际专利申请数

量位居世界第二位（见表 4–2）。通信设备、航天、高铁、特高压输变电、超算、核能等领域已具备全球一流技术，5G 等重要技术领域和互联网商业模式已处于世界领先地位。

表 4–2 我国专利申请数量国际比较

国家	专利申请总量（2018 年）		其中：居民专利申请（2018 年）	
	数量 / 万件	占世界比重 /%	数量 / 万件	占世界比重 /%
中国	154.2	49.1	139.4	60.7
美国	59.7	19.0	28.5	12.4
日本	31.4	10.0	25.4	11.1
德国	6.8	2.2	4.7	2.0
韩国	21.0	6.7	16.3	7.1
世界	314.0	100	229.5	100

资料来源：世界银行。

在基础设施方面，我国基础设施网络日趋完善。截至 2019 年底，我国综合交通网络总里程超过 540 万公里，高速公路通车里程、城市轨道交通运营里程、港口万吨级及以上泊位数均位居世界第一位，有效降低了经济社会发展的边际成本。高铁运营里程达 3.5 万公里，为世界第一，北京、天津、上海等大城市间已实现 1 000 公里内 5 小时到达，2 000 公里内 8 小时到达，缩短了时空距离。新型基础设施建设总体领先，光纤宽带接入、4G 网络部署和 5G 基站部署均为世界第一，为互联网新技术的大规模创新应用创造了基础条件。便捷、高效的基础设施网络，畅通人流、物流、信息流，有效提升了供需对接的效率。

在人力资源方面，我国多层次人才队伍持续壮大。我国劳动力总量庞大，2019 年拥有劳动力总数 7.8 亿人，占世界的 22.6%，不仅拥有大量吃苦耐劳的普通外出务工人员，也拥有 1 亿多受过高等教育和掌握专业技能的人才资源。2019 年全国普通高校本科毕业人数约为 834 万人，研究生毕业人数约为 64 万人。不断增长的高学历毕业生群体、高端研发和技能型人才队伍将显著改善我国人力资源供给结构，形成新的人才红利，对开放型经济发展形成有力支撑。

三、中国企业国际化经营能力整体上升

海外布局不断拓展。近年来，我国企业通过绿地投资、兼并收购、工程承包、装备出口等方式走出去开展对外投资合作，不断拓展海外布局和业务网络。截至 2018 年底，我国超过 2.7 万家境内投资者在全球 188 个国家（地区）设立境外企业 4.3 万家，与 2012 年底相比翻了一番。境外企业经营情况总体良好，超七成企业实现盈利或盈亏平衡。

国际化经营能力不断增强。2019 年《财富》杂志公布的世界

500强企业中，我国企业共129家（见表4–3），首次超过美国，位居世界第一位。从企业盈利能力看，我国企业在销售收益率和净资产收益率两个指标上已扭转近年来的下行趋势，平均销售收入与净资产两项指标与世界500强上榜企业数值基本持平。从企业类型看，129家企业中有22家民营企业，占比17%，与2012年底相比增加17家，占比提升10.7个百分点。从行业看，除传统的资源能源、金融、房地产等行业外，腾讯、阿里巴巴、京东、小米等互联网及科技企业迅速崛起引人瞩目，华为作为通信行业龙头企业排名第61位，与2018年相比上升11位。这些数据表明近年来我国企业跨国经营水平和影响力有较大幅度提升。随着我国企业国际化经营持续发展，对全球资源的整合能力和效率将进一步提升，这将为我国建设更高水平开放型经济新体制激发更多内生动力和潜能。

表4–3 世界500强企业中排名前50的我国企业

排名	企业
2	中国石油化工集团公司
4	中国石油天然气集团公司
5	国家电网公司
21	中国建筑工程总公司
23	鸿海精密工业股份有限公司
26	中国工商银行
29	中国平安保险（集团）股份有限公司

续表

排名	企业
31	中国建设银行
36	中国农业银行
39	上海汽车集团股份有限公司
44	中国银行

资料来源：财富中文网。

四、对外开放不平衡不充分

沿海开放发展水平较高，但内陆沿边总体开放水平不高。中西部地区受开放资源不足、基础设施落后、物流成本及制度性成本较高等因素制约，一直是我国对外开放洼地。据测算，西部地区拥有全国72%的国土面积、27%的人口、20%的经济总量，而对外贸易、利用外资和境外投资占全国的比重均相对较低。从区域内部看，开放要素和资源也主要集中在区域中心城市。

制造业开放程度较深，但服务业开放相对滞后。制造业是我国开放时间较早、程度较深的领域，也是发展较快、竞争力较强的领域。相比之下，服务业对外开放相对滞后，产业整体竞争力不强，仍是经济发展和产业升级的短板。比如，服务业利用外资主要集中在房地产业，世界500强跨国公司在我国的服务业投资规模和质量远逊于制造业。

经贸合作伙伴主要是发达经济体，与发展中国家的经贸合作仍有待深化。2019 年与美国、欧盟、日本贸易总额占我国外贸总额的 34.1%，加上经香港等地的转口贸易比重更高。近年来，我国与发展中国家经贸合作快速发展，2019 年与东盟贸易总额占我国外贸总额的 14%，但在外贸规模、质量和效益等方面仍有待提高。

多边开放与区域开放并行格局初步形成，但贸易和投资自由化便利化有待提升。我国与 25 个国家签署的 17 个自贸协定中，成员既包括发达国家也包括发展中国家，但我国贸易和投资自由化便利化仍有较大提升空间。目前正在加快建设的海南自由贸易港是我国内地开放程度最高的特殊区域，但与中国香港、新加坡、鹿特丹、迪拜等国际自由港相比，在货物、资金、人员进出自由等方面仍有差距。

五、高水平开放更加需要也更多助力深层次改革

高水平开放更加需要深层次改革。近年来，美欧日发达国家先后达成了美墨加协定（USMCA）、全面与进步跨太平洋伙伴关系协定（CPTPP）、日本与欧盟的经济伙伴关系协定（EPA），建立高标准自贸区，推行高水平国际经贸规则，成为经济全球化发展重要趋势。外部环境变化客观上要求我们全面深化改革，改革与国际通行规则不相适应的体制机制，深度融入国际市场。目前，我国区域开放布局不均衡、产业开放不平衡的问题还比较突出，需通过深层

次改革破除体制机制障碍，推动形成更加平衡的开放格局。此外，面对日趋激烈的全球引资竞争，我国要素成本低等传统优势已经弱化，需通过深层次改革打造更加公平、透明、可预期的营商环境，培育引资竞争新优势。

高水平开放更多助力深层次改革。经济体制改革的核心问题是处理好政府与市场的关系，使市场在资源配置中起决定性作用，使政府更有效地处理市场失灵问题。“十四五”时期，要通过更高水平的对外开放，在贸易便利化、投资便利化、电子商务、竞争政策、政府采购、知识产权保护、环境保护等方面与国际规则深入对接，促进形成各种所有制市场主体竞争更加公平、与高水平国际经贸规则接轨的国内市场环境。通过更高水平的对外开放，助力国内企业树立先进的经营管理理念、形成更加现代化的管理制度、提升灵活运用全球优质要素的能力。通过更高水平的对外开放，助力政府部门创新监管手段、提升服务水平。

第五章

“十四五”时期建设更高水平开放型经济新体制的工作思路

“十四五”时期是我国全面建成小康社会、实现第一个百年奋斗目标之后，乘势而上开启全面建设社会主义现代化国家新征程、向第二个百年奋斗目标进军的第一个五年。建设更高水平开放型经济新体制，要坚持以习近平新时代中国特色社会主义经济思想为指导，全面贯彻党的十九大和十九届二中、三中、四中全会精神，认真落实党中央、国务院决策部署，坚持开放发展理念，坚持稳中求进工作总基调，坚持统筹国内国际两个大局，以“一带一路”建设为引领，引进来和走出去并重，实施更大范围、更宽领域、更深层次开放，推动形成全面开放新格局，加快形成以国内大循环为主体、国内国际双循环相互促进的新发展格局，为全面建设社会主义现代化国家开好局、起好步。

第一节

培育全面开放新优势

在巩固传统优势的基础上，适应国内国际新形势，培育更强大的国内市场、更优良的营商环境、更有竞争力的要素保障、更丰富的人力人才资源、更高效的基础设施、更完备的产业体系等全面开放新优势。

一、更强大的国内市场

（一）加快提升供给质量水平，有效满足多层次高品质市场需求

聚焦解决企业在专精特新领域深耕细作不够等问题，以标准、

质量、品牌为引领，加快传统产业改造升级，大力加强科技研发突破短板瓶颈，推动先进制造业和现代服务业深度融合，鼓励企业更多采用新技术加快产品升级步伐，推动实物商品提档升级。聚焦教育、医疗、养老等社会民生领域短板弱项，突破深层次体制机制障碍，进一步降低准入门槛，增加高品质服务供给。

（二）着力释放内需潜力，以充沛需求势能引领供给提升

聚焦传统基础设施补齐短板、提质增效、先行引领，加快推进交通能源、农田水利、生态环保、社会事业等领域基础设施建设。进一步完善投入机制，引导各类资金加大对新型基础设施建设支持，加快推进 5G 网络、大数据中心等建设。致力于满足居民个性化、多样化消费需要，构建更加成熟的消费细分市场。推动网购等新兴消费业态发展。加强新型城镇化建设，完善基本公共服务和社会保障水平，扩大中等收入群体规模，大力提振居民消费能力。

（三）不断优化市场环境，畅通供需循环促进优胜劣汰

加强消费者权益保护，营造安全放心的消费环境。严肃追究侵权责任，形成有效法律威慑，推动加快形成优胜劣汰的市场竞争秩序。推进市场信用体系建设，完善守信激励和失信惩戒机制。完善知识产权保护制度，加强反垄断执法。完善支持国内市场发展的财税金融政策。

二、更优良的营商环境

（一）持续降低市场准入门槛

做好《市场准入负面清单》实施工作，完善市场准入制度体系。深入实施外商投资法及其实施条例。逐步推开“证照分离”改革全覆盖，推广证明事项告知承诺制。

（二）加快推进规则对接

复制推广自贸试验区成熟经验，以投资自由、贸易自由、资金自由、运输自由、人员从业自由等为重点，打造与国际通行规则相衔接、更具国际竞争力的贸易投资环境。

（三）进一步创新监管方式

加快推进“互联网＋监管”，深入推进“双随机、一公开”跨部门联合监管，在相关领域推行综合执法。推动开展信用分级分类监管，根据监管对象信用等级采取差异化的监管措施。做好涉企政策公开征求意见工作，全面推动对行业政策设定合理过渡期。

（四）进一步提升服务效能

推动政务服务事项基本要素和办事指南要素在国家、省、市、县四级统一。推动政务信息化建设快速迭代和集约发展，继续推进一体化在线政务服务平台和数据共享交换平台建设。加快打造全国政务服务“一张网”，在更大范围实现“一网通办”、异地可办、“掌上可办”。

三、更有竞争力的要素保障

（一）创新要素市场化配置方式

促进产业用地一级市场多方式出让、二级市场有序流转。试行以经常居住地登记户口制度，进一步畅通企业、社会组织人员进入党政机关、国有企事业单位渠道。深化科技成果使用权、处置权和收益权改革，开展赋予科研人员职务科技成果所有权或长期使用权试点。改革科研项目立项和组织实施方式，完善专业机构管理项目机制，支持有条件的企业承担国家重大科技项目。建立市场化社会化的科研成果评价机制。建立政府数据共享责任清单并动态调整。

（二）加快培育和发展要素市场

加快发展建设用地二级市场，充分运用市场机制盘活存量土地和低效用地。加强资本市场基础制度建设。探索建立全国性科技成果交易平台，健全技术成果转化公开交易与监管体系。加快培育发展数据要素市场，完善数据市场治理。推动实现要素全流程电子化交易，支持各类所有制企业参与要素交易平台建设。

（三）推进要素市场化改革

健全基准地价、标定地价、最低工资标准的制定与发布制度，落实并完善工资正常调整机制。积极发展科技成果、专利等资产评估服务。稳妥推进存贷款基准利率与市场利率并轨。增强人民币汇率弹性，保持人民币汇率在合理均衡水平上的基本稳定。

（四）扩大要素双向开放

主动有序扩大金融业对外开放。稳步推进人民币国际化和人民币资本项目可兑换。逐步推进证券、基金行业对内对外双向开放，有序推进期货市场对外开放。扩大外资金融机构参与中国市场，推进境内金融机构参与国际金融市场交易。

四、更丰富的人力人才资源

（一）全面提高人力资本素质

制定全民健康计划，实施国民营养、慢性病综合防控等战略，加强心理健康服务体系建设，提升人民健康素养。提高公共教育投入，推进区域、城乡教育协调发展，优化教育体系。建立产教融合模式，强化研究型、实操型和创新型人才培养，不断提高人才培养质量。注重本土国际化人才培育，加强国际组织人才交流合作。

（二）优化人才资源配置

推进户籍制度改革，促进人才公平流动和公平就业。实施劳动力职业转型提升计划，解决工作技能要求与劳动者知识和能力的不匹配问题。推动科技发展与教育内容改革，重视数字人才培养、数字技能培训。完善人力资本市场监测体系，提供多样化的劳动力市场信息服务。鼓励退休老年人采取多样化灵活的就业形式和自主创业。

（三）大力引进海外人才

加强同相关国家在基础科学、前沿科技等领域的合作，高水平建设一批国际化联合实验室、科技创新中心和科技园区等。加快出台相关人员管理法规及人才服务条例，完善公开、透明的涉外法律体系，严格依法平等保护知识产权，提高人才服务与保障的运行效率。打通科研人才与产业人才双向流通渠道，增强创新创造人才的成功感与荣誉感。

五、更高效的基础设施

（一）推动传统基础设施提质增效

加强传统基础设施投资，促进传统产业改造提升。推进交通基础设施提质升级、环境卫生设施提级扩能、市政公用设施提档升级、公共服务设施提标扩面、产业配套设施提质增效。推动传统基础设施数字化、网络化、智能化改造。

（二）推动新型基础设施建设

加快国家实验室、未来网络试验设施等国家重大科技基础设施建设。健全重大科技基础设施开放共享制度，最大限度发挥公共平台作用。发挥企业创新主体作用，重点围绕新型基础设施核心产业，推进关键核心技术攻关和商用试验。推进产学研合作，推动科技成果转化体制改革。研究发行针对新型基础设施建设的财政专项债、地方政府债券。

（三）完善标准体系

建立跨行业、跨领域、跨部门的数字基础设施标准协同发展机制，加快完善面向数字化应用的基础设施工程建设标准，在公路、铁路、水利等建设标准规范中，充分考虑信息通信设施建设预留，推进跨领域基础设施共享。

六、更完备的产业体系

（一）推进传统制造业优化升级

以技术改造为突破口，深入实施智能化改造、增资扩产改造等技术改造专项行动，加快推动传统制造业企业向数字化、智能化、规模化、效益化转型。引导企业借鉴发达国家制造业转型升级经验，将我国传统制造业规模优势与国际先进适用技术有效结合，以国际合作助力我国传统制造业转型升级。

（二）筑牢产业发展根基

组织实施5G、人工智能、工业互联网等新型基础设施项目。布局建设一批共性技术平台以及检验检测、质量认证等产业基础设施，引导社会创新资源集聚，为企业技术改造提供技术和人才支撑。注重创新能力建设，形成以基础研究带动应用技术群体突破、以技术引领产业发展、以产业推动技术创新和原始发现的良性循环。

（三）提升全产业链发展水平

创新自主知识产权产品推广应用方式，在未来产业领域率先培育形成一批产业生态主导型企业，充分参与国际竞争和合作。聚焦我国产业链供应链发展短板，扎实推进“稳链”“补链”“强链”工作，推动形成国内大循环为主体、国内国际双循环相互促进的新发展格局。积极主动扩大对外开放，以开放促改革，破除深度融入全球产业链的体制性机制性障碍。

（四）培育产业发展集群优势

结合国家区域战略，着力优化战略性新兴产业重大生产力布局，推动形成创新引领、特色鲜明、优势互补、协同发展的区域发展格局。引导集群与集群之间，通过联合开展技术研发、产品创新、生产经营等形式，构建产业间链式发展、区域间相互合作的协同发展机制。

第二节

打造全面开放新高地

坚持对内开放与对外开放相结合，加强与国际高标准经贸规则对接，充分利用各地资源禀赋优势与区位优势，依托国家重大区域发展战略促进协同开放，优化对外开放的空间布局，发挥自由贸易港、自贸试验区、内陆沿边开放试验区、各类开发区等开放平台作用，打造各有侧重、各具特色的区域开放新高地。

一、加快海南自由贸易港建设

（一）推动贸易自由便利

实行部分进口商品“零关税”政策，在具备条件的海关特殊监管区域实行“一线放开、二线管住”的进出口管理制度，做好封关运作准备工作。实施跨境服务贸易负面清单制度，给予境外服务提供者国民待遇。

（二）推动投资自由便利

大幅放宽市场准入，制定出台海南自由贸易港放宽市场准入特别清单、外商投资准入负面清单，推行“极简审批”制度。保障公平竞争，强化产权保护，努力打造公平、透明、可预期的投资环境。

（三）推动跨境资金流动自由便利

加快金融改革创新，试点改革跨境证券投融资政策，加快金融业对内对外开放力度，增强金融服务实体经济能力。

（四）推动人员进出自由便利

构建更加开放的人才制度，实施更加便利的免签入境措施，放宽外国人免签入境渠道和免签入境事由限制。实施外国旅游团乘坐邮轮入境 15 天免签政策。

（五）推动运输来往自由便利

实施更加开放的船舶运输和航空运输政策，加快落实支持洋浦开发开放的政策举措，在海南试点开放第七航权。

（六）推动数据安全有序流动

在国家数据跨境传输安全管理制度框架下，开展海南自由贸易港数据跨境传输安全管理试点。

（七）加强税收制度建设

按照零关税、低税率、简税制、强法治、分阶段的原则，优化税收政策安排，实施企业所得税和个人所得税优惠政策，优化离岛购物免税政策。

» 专栏 5-1

海南自由贸易港扬帆起航

2018年4月，《中共中央 国务院关于支持海南全面深化改革开放的指导意见》印发，明确提出支持海南逐步探索、稳步推进中国特色自由贸易港建设，分步骤、分阶段建立自由贸易港政策和制度体系。2020年6月1日，《海南自由贸易港建设总体方案》正式公布，提出建立贸易自由便利、投资自由便利、跨境资金流动自由便利、人员进出自由便利、运输来往自由便利和数据安全有序流动的政策制度体系。“十四五”时期重点完成五项工作：一是初步建立自由贸易港政策和制度体系；二是实施并扩大重点领域开放政策；三是推动“边境后规制”建设；四是构建完善的风险防控体系；五是强化对外开放功能平台。

海南洋浦小铲滩港口

摄影：《海南日报》记者陈元才。

二、推进自由贸易试验区建设

（一）进一步发挥示范引领作用

发挥好自贸试验区改革开放试验田作用，坚持大胆试、大胆闯、自主改，探索建立更加开放、公平、便利的市场环境。在自贸试验区实施具有较强国际市场竞争力的开放政策和制度，注重发挥上海自贸试验区临港新片区示范作用，将自贸试验区打造成更具国际影响力的特殊经济功能区。及时将自贸试验区试点成熟的经验向全国复制推广，服务国家对外开放战略。

（二）坚持以制度创新为核心

发挥自贸试验区制度创新高地作用，进一步解放思想，着眼重点领域和关键环节，在投资、贸易、金融、事中事后监管等方面进行深入探索，强化改革开放举措的统筹谋划和系统集成，形成更多制度创新成果，加快培育形成开放竞争合作新优势。

（三）赋予更大改革开放自主权

加大自贸试验区扩大开放“压力测试”力度，进一步缩减自贸试验区外商投资准入负面清单，探索建立跨境服务贸易负面清单管理制度，在规则、规制、管理、标准等制度型开放方面加大力度，为实现更高水平对外开放积累经验。支持自贸试验区结合自身特点，进行多层次、差别化探索，为不同发展水平、资源禀赋、开放条件的区域开放探索经验。

» 专栏 5-2

上海自贸试验区临港新片区试点更高水平对外开放

上海自贸试验区临港新片区对标国际上公认的竞争力最强的自由贸易园区，选择国家战略需要、国际市场需求大、对开放度要求高但其他地区尚不具备实施条件的重点领域，实施具有较强国际市场竞争力的开放政策和制度，加大开放型经济的风险压力测试，实现新片区与境外投资经营便利、货物自由进出、资金流动便利、运输高度开放、人员自由执业、信息快捷联通。到2025年，建立比较成熟的投资贸易自由化便利化制度体系，打造一批更高开放度的功能型平台，集聚一批世界一流企业，区域创造力和竞争力显著增强，经济实力和经济总量大幅跃升。

上海自贸试验区临港新片区规划效果图

三、以国家重大战略优化区域协同开放

（一）以开放合作促京津冀协同发展

牢固树立开放合作意识，加强衔接国际通行做法，提高营商环境的规范、便利和舒适程度，统筹推进产业发展，鼓励创新合作模式，完善利益分配机制，实现资源要素共建共享，高标准建设河北雄安新区，打造具有全球竞争力的开放合作高地。

（二）推动粤港澳大湾区开放创新

全面参与国际经济合作，加强与世界主要经济体联系，吸引发达国家先进制造业、现代服务业和战略性新兴产业投资，吸引跨国公司总部和国际组织总部落户大湾区。加快引进国际先进技术、管理经验和高素质人才，支持跨国公司在大湾区内设立全球研发中心、实验室和开放式创新平台，提升大湾区对全球资源的配置能力。携手开拓国际市场，充分发挥港澳营商环境优势、全球商业网络优势和内地产能优势，支持粤港澳三地“拼船出海”，共同开拓国际市场，带动大湾区产品、设备、技术、标准、检验检测认证和管理服务等走出去。发挥香港国际金融中心作用，为内地企业走出去提供投融资和咨询等服务。发挥澳门与葡语国家的联系优势，依托中国与葡语国家商贸合作服务平台，办好中国—葡语国家经贸

合作论坛，更好发挥中葡合作发展基金作用，联手开拓葡语国家市场。

（三）支持长三角地区联动开放

充分发挥长三角地区各类博览展览会、国际会议、数字化贸易平台、国际合作园区等既有平台作用，着力放大中国国际进口博览会溢出带动效应，努力把上海打造成为联动长三角、服务全国、辐射亚太的进出口商品集散地。积极打造虹桥国际开放枢纽，进一步增强服务长三角、联通国际的功能。加快建设具有国际先进水平的国际贸易“单一窗口”，全面对接国际高标准市场规则体系，加大国际人才招引政策支持力度，提升国际高端要素集聚能力。

四、加快内陆沿边开放新高地建设

（一）建设多层次内陆开放平台

抓住“一带一路”建设重大机遇，以内陆地区开发开放平台为重点，加快弥补基础设施、物流等短板，加强开放型经济主体培育，营造开放型经济环境。充分发挥内陆地区资源、土地、劳动力等优势，继续推动贸易、投资、技术创新等协调发展，创新加工贸易合作模式，依托重点城市、开发区等，大力发展内陆开放型产业集群，培育内陆地区全球重要加工制造基地和新增长极。在内陆地区增设口岸，推动内陆同沿海沿边地区通关协作，实现信息互换、监管互认、执法互助，提升内陆地区承接产业转移能力。继续推进内陆开放型经济试验区建设，打造内陆开放型经济新高地。

（二）加快沿边重点地区开发开放

继续支持重点开发开放试验区、沿边国家级口岸、边境城市、边境（跨境）经济合作区等沿边重点地区开放发展。改革体制机制，提高贸易投资、人员往来和综合运输便利化水平。深化与周边国家和地区经贸合作，支持对外贸易转型升级，引导服务贸易加快发展，激发边境贸易主体活力，推动边境贸易创新转型和高质量发展。进一步提高旅游开放水平，促进边境旅游繁荣发展。加强与周边国家基础设施互联互通合作，继续完善构建综合国际运输通道。全面加强教育、卫生、文化、旅游、环保等领域的跨境交流合作。

五、支持各类开发区开放发展

（一）发挥开放型经济主力军作用

国家级开发区要发挥示范引领作用，突出先进制造业、战略性新兴产业、加工贸易等产业特色，主动对接国际通行规则，建设具有国际竞争力的高水平园区，打造具有国际影响力的园区品牌。省级开发区要依托区域资源优势，推动产业要素集聚，提升营商环境国际化水平，向主导产业明确、产业链条延伸、综合配套完备的方向发展，成为区域经济增长极，带动区域经济结构优化升级。

（二）推动开发区转型升级

推动开发区创新发展，大力实施科技创新、管理创新、制度创新，集聚国际创新资源，实现由要素驱动向创新驱动转变。加快开发区产业转型升级，改造提升传统制造业，加快新一代信息技术、生物、高端装备、新材料、新能源汽车、新能源、节能环保等战略性新兴产业和研发设计、科技咨询、第三方物流、知识产权服务等生产性服务业发展，加快向中高端迈进。

（三）深化开发区体制机制改革

推进开发区运营模式创新，积极引导社会资本参与开发区建设，实行多元化的开发区运营模式。加强对开发区与行政区的统筹协调，按照精简高效的原则设置内设机构，着力提升服务效能。进一步规范开发区设立、扩区和升级管理，完善开发区审批程序和公告制度。

第三节

拓展全面开放新空间

完善国际市场多元化布局，积极主动扩大进口，更加积极利用外资，不断提升境外投资质量效益，加快构建国际贸易投资新格局，努力拓展全面开放新空间。

一、完善国际市场多元化布局

（一）着力深化与共建“一带一路”国家的贸易合作

推进贸易畅通工作机制建设，促进与沿线国家货物贸易便利化。加强在大通关、海关监管、检验检疫、物流便利化、金融等方面的机制化合作。促进与沿线国家货币互换，扩大人民币结算范围。加强贸易风险评估和预警工作，将国家出口信用保险政策和资源更多投向“一带一路”重点国家和重点合作领域。以国际产能合作带动建筑工程承包、信息技术、研发设计、金融、物流、节能环保等服务贸易发展。建设“数字丝绸之路”，大力发展“丝路电商”，推动普惠贸易，探索构建代表发展中国家话语权的数字贸易规则。继续扩大与沿线国家的医疗健康、教育培训、文化创意、旅行等服务贸易，打造“健康丝路”“文化丝路”。依托沿线自贸区、区域全面经济伙伴关系协定（RCEP）等平台深化服务贸易合作。不断拓展亚洲、非洲、拉美等市场。逐步提高自贸伙伴、新兴市场和发展中国家在我国对外贸易中的占比，扩大与周边国家贸易规模。综合考虑市场规模、贸易潜力、消费结构、产业互补、国别风险等因素，引导企业开拓一批重点市场。

（二）继续深耕发达经济体等传统市场

继续扩大承接美欧日服务外包，推动在金融、保险、信息技术、研发、工业设计、专业服务、节能环保、环境服务等生产性服务领域的双向投资，推动技术贸易、文化贸易和数字贸易合作，扩大技术引进空间。扩大教育、医疗健康、中医药等社会服务和公共服务领域合作，巩固旅行、运输、建筑等传统服务贸易市场。加强职业资质互认、规则标准互认等体系建设，共同探讨数字贸易规则标准的制定。

二、积极主动扩大进口

（一）推动进口规模扩大结构优化

适时进一步降低关税水平，努力消除非关税壁垒，大幅削减进口环节制度性成本，提高贸易自由化水平，在提高市场开放程度的同时丰富国内市场供给。扩大先进技术、设备和零部件进口。鼓励国内有需求的资源型产品进口。支持日用消费品、医药和康复、养老护理等设备进口。促进研发设计、节能环保、环境服务、咨询服务等生产性服务进口。推动重要资源进口方式和来源地的多元化。

（二）发挥各类平台的带动作用

持续办好中国国际进口博览会，不断提升其吸引力和国际影响力，进一步扩大国内优质商品供给。培育进口贸易促进创新示范区，创新监管制度、服务功能、交易模式，带动周边地区增强进口能力，促进产业发展和消费提升。促进贸易新业态发展，推进跨境电子商务综合试验区建设，复制推广成熟经验做法。完善外贸综合服务企业发展政策，推动信息共享和联合监管。鼓励发展其他贸易新业态。

三、更加积极利用外资

（一）扩大外资市场准入

加快电信、教育、医疗、文化等服务业领域开放进程，进一步放宽制造业、农业外资准入，为外商投资提供更加广阔的空间。全面实施外商投资准入负面清单管理制度，清单之外不得单独对外资设置限制。

（二）构建开放的产业体系和创新体系

鼓励外商投资中高端制造、高新技术和现代服务产业，助推传统产业转型升级和新产业发展。支持外资企业设立研发中心、承担科技项目，集聚国际创新资源，促进创新驱动发展。

（三）支持外资向中西部地区投资

充分把握“一带一路”建设带来的机遇，支持中西部地区加快弥补融资渠道、物流成本、营商环境等方面的短板。不断完善中西部地区外商投资优势产业目录，加大配套政策力度，打造更有竞争力的外向型产业集群，持续提升中西部地区对外商投资的吸引力。

（四）巩固和提升产业链供应链水平

大力实施“引资强链”“引资补链”“引资扩链”，增强产业链供应链完整性和抗压韧性，弥补关键环节短板，培育发展战略性新兴产业，进一步向全球价值链中高端迈进。

（五）发挥重大外资项目示范带动作用

积极支持制造业、生产性服务业重大外资项目，统筹给予用地、环评、规划、能耗等方面支持保障。进一步健全重大外资项目协调推动机制，推动项目落地，以点带面，全面提升外商投资服务水平。

» 专栏 5-3

我国重化工行业首个外商独资项目

巴斯夫（广东）一体化基地项目位于广东湛江经济技术开发区东海岛石化产业园，由德国巴斯夫集团独资建设，总投资约 100 亿美元，主要建设内容包括 100 万吨 / 年乙烯裂解装置和下游产品装置。该项目是我国重化工行业首个外商独资项目，也是巴斯夫集团迄今为止最大规模的对外投资项目。2018年7月，在中德两国总理共同见证下签署合作谅解备忘录。2019年11月，项目正式启动。2020年5月，项目首批装置打桩开建，预计2022年投入运营，将年产6万吨改性工程塑料产品。整个一体化基地预计2030年建成，将成为巴斯夫在全球的第三大一体化生产基地。

巴斯夫（广东）一体化基地项目

（六）培育引资综合竞争新优势

统筹考虑国内经济发展和全球跨国投资新形势，进一步增强我国依托强大国内市场、高效基础设施、完整产业配套、丰富人才资源、一流营商环境等形成的综合竞争优势，为外资提供更加优化的发展环境，稳定外资存量，扩大外资增量，提升外资质量。

（七）支持外资企业深耕发展

坚持存量和增量外资并重，进一步加强外资企业合法权益保护，政府各项支持政策平等给予内外资企业。进一步提高投资便利化程度，为外国人才来华工作、子女教育和出入境等提供更多便利。

» 专栏 5-4

厦门电气硝子玻璃基板制造项目
将于 2021 年全面投产

厦门电气硝子玻璃基板制造项目由全球三大液晶玻璃基板供应商之一的日本电气硝子株式会社出资设立，总投资约 66 亿元人民币，从事 8.5 代及以上的液晶玻璃基板的生产与销售。项目分三期建设，一期于 2016 年 1 月投产，二期于 2018 年上半年达产，三期于 2020 年 7 月开工建设，将具备生产 10.5 代 TFT（薄膜晶体管）液晶玻璃基板以及下一代显示器用的LTPS（低温多晶硅）和OLED（有机电激光显示）玻璃基板能力。项目预计于2021年全面投产，投产后可实现年产能4 500万平方米（含一、二、三期）液晶玻璃基板，将成为我国最大的液晶玻璃基板生产基地。

厦门电气硝子玻璃基板制造项目

四、提升境外投资质量效益

（一）创新境外投资方式

坚持企业主体，鼓励有条件的企业以市场为导向、按照商业原则走出去，通过直接投资、证券投资、联合投资等多种方式优化资源配置、开拓国际市场。支持中国企业与合作伙伴发挥各自优势，共同开拓第三方市场。

（二）完善境外投资管理

健全以备案为主的境外投资管理制度，提高境外投资便利化水平。引导企业加强境外投资经营合规管理，指导企业遵守合作国有关法律法规和监管制度。规范企业境外经营行为，引导企业积极履行社会责任，树立中国投资者良好形象。

（三）健全境外投资政策和服务体系

坚持分类施策，优化境外投资结构，更好发挥境外投资对促进经济高质量发展的积极作用。拓展走出去公共信息服务，提升签证、税收、外汇等服务水平。鼓励金融机构完善境外金融服务网络，创新走出去有关金融产品和服务。支持资产评估、法律服务、会计服务、工程咨询、风险评估、认证等生产性服务业国际化发展，更好满足企业对外投资合作需要。支持商（协）会发挥桥梁纽带作用和服务功能。

（四）加强境外投资有关风险防控

指导企业加强项目可行性研究，强化风险内控机制建设，提高国际化经营管理水平。引导企业加强对东道国外资安全审查、反垄断审查等法律风险以及其他各类风险的评估和应对。加强海外利益保护和风险预警处置。

第四节

共建全面开放新平台

着力推动“一带一路”国际合作高质量发展，建设高标准自贸区网络，拓展双多边和第三方市场合作，通过打造更加丰富多样的全球开放平台为世界各国创造更多合作机遇，让中国的改革发展成果更多惠及全球，与各国携手构建人类命运共同体。

一、推动“一带一路”国际合作高质量发展

（一）加强政策沟通

开展高质量政策对接，构建更加广泛务实的伙伴关系，充分发挥政策对接在共建“一带一路”中的引领和催化作用。巩固充实战

略对接、规划对接、机制对接、项目对接的整体合作框架，加强同世界各主要经济体的宏观政策协调。结合各方国情，创新对接合作方式，通过编制合作规划、建立对接平台、形成并更新项目清单等方式，不断铺画政策、规则、标准三位一体的“软联通”。

（二）推进设施联通

将高质量、可持续、抗风险、价格合理、包容可及的目标融入基础设施项目选择、实施、管理的方方面面，兼顾项目社会效益、经济效益，形成更多可视性成果。加快推进高效畅通的国际大通道建设，扎实建设好互联互通重大项目。持续深化中欧班列品牌建设，不断提升中欧班列品牌知名度和国际影响力。拓展数字丝绸之路建设合作的广度和深度。

（三）促进贸易畅通

与更多国家商签高标准自由贸易协定，加强海关、税收、审计等领域合作。充分发挥中国国际进口博览会作用，为各方进入中国市场搭建更广阔平台。深化与沿线国家在经贸领域的互利共赢，扩大双多边贸易投资规模。推动境外经贸合作区高质量发展，稳步推进跨境经济合作区、边境经济合作区建设。

（四）推动资金融通

落实好《“一带一路”融资指导原则》《“一带一路”债务可持

续性分析框架》。继续发挥共建“一带一路”专项贷款、丝路基金等的作用，支持多边开放融资合作中心有效运作，引导鼓励多边和各国金融机构参与共建“一带一路”投融资。建立稳定、可持续、风险可控的金融服务体系，创新投资和融资模式，推广政府和社会资本合作，建设多元化融资体系和多层次资本市场，发展普惠金融，完善金融服务网络。

（五）深化民心相通

逐步构建与对外开放深度融合、相互促进的人文交流新格局。深入开展教育、科学、文化、体育、旅游、卫生、考古等各领域人文合作，加强议会、政党、民间组织往来，密切妇女、青年、残疾人等群体交流，建设好并充分发挥共建“一带一路”多边合作平台作用。深化创新合作，共同探索新技术、新业态、新模式，探寻新的增长动能和发展路径。推进绿色丝绸之路建设，加强在应对气候变化、海洋合作、荒漠化防治等方面的国际交流合作。

二、建设高标准自贸区网络

积极建设“一带一路”自贸区网络。深化同周边国家互利合作，实施好中国—东盟自贸区升级《议定书》，在区域全面经济伙伴关系协定（RCEP）签署后切实做好落实工作。推动中国—海合会、中国—以色列等自贸区、中日韩自贸区等早日达成协议，推动与更多国家商建自贸区。积极探索升级已有自贸协定，提高自由化、便利化水平，如深化中韩自贸区在产业和创新方面的合作。积极推进中欧投资协定谈判进程，深化中欧发展战略对接、互联互通和务实合作，共同打造和平、增长、改革、创新、文明的伙伴关系。加强中美战略沟通和经贸对话。

三、拓展双多边产能合作和第三方市场合作

（一）深化双边国际产能合作

建立健全双边产能合作机制，加强与有关国家规划对接、政策对接和项目对接，与合作伙伴国共享发展红利，带动我国装备、技术、品牌、服务、标准走出去。深化钢铁、有色、资源能源等传统行业产能合作，聚焦“十四五”时期数字经济、新能源汽车、5G 等新兴产业，以重大项目为抓手，推动双边产能合作取得更多成果。

（二）稳步开展多边产能合作

加强与东盟、非盟、欧盟、拉共体等区域性组织对接，充分发挥其统筹协调区域一体化发展的重要作用，用好中国—东盟领导人会议、中国—中东欧国家领导人会晤机制等平台，推进与相关国家和地区的规划对接、政策磋商、项目合作，打造协同发展、互利共赢的产能合作格局。

（三）拓展第三方市场合作

加强对第三方市场合作理念的宣介，扩大第三方市场合作共识，与更多有意愿的国家签署第三方市场合作文件。落实已签署的合作文件，举办第三方市场合作系列论坛，为企业开展务实合作搭建平台。推动中法第三方市场合作基金等高效运营，继续与有条件的国家共设投融资平台，拓宽第三方市场合作项目的市场化融资渠道。

» **专栏 5-5**

中阿（联酋）产能合作示范园项目

中阿（联酋）产能合作示范园是中阿共建“一带一路”的旗舰项目。2017年9月由国家发展改革委确认成为首家“一带一路”产能合作园区。园区位于阿联酋阿布扎比哈利法工业区内，启动区面积2.2平方公里，预留用地10平方公里，由江苏省海外合作投资有限公司（以下简称江苏海投）开发运营。园区配套设施正在建设中，现已完成40%的土地招商，首批落户企业拟于2021年入驻。江苏海投创新金融服务方式，组建境外园区金融服务平台，拟为入园企业提供各类股权和债权融资服务。园区建成后，将为我国走出去企业提供良好的平台载体，助力阿联酋生产性制造业发展，增加非油经济产出，促进阿联酋产业转型及结构多元化。

中阿（联酋）产能合作示范园项目（示意图）

» 专栏 5-6

克罗地亚佩列沙茨大桥项目

克罗地亚佩列沙茨大桥项目地处克罗地亚南部，横跨亚得里亚海马利—斯通海湾，是通往著名旅游城市杜布罗夫尼克的重要通道。项目全长 2 440 米，为六塔单索面矮塔斜拉桥，最大跨径 285 米，设计通航宽度 200 米，桥面高出海平面 55 米，可通行世界最大型邮轮。2018 年 1 月，中国路桥牵头的中国企业联合体成功中标项目，目前正在进行施工建设，预计将于 2021 年建成投入使用。佩列沙茨大桥是中克两国建交以来中资企业中标的规模最大的克罗地亚基础设施建设项目，也是中资企业在欧盟区域内中标的第一个由欧盟基金提供融资的大型工程项目。项目建成后将对克罗地亚发展经济和旅游业、改善民生具有重要意义。

施工中的佩列沙茨大桥项目

第五节

畅通全面开放双循环

加快规则、规制、管理、标准等制度型开放，推进基础设施互联互通，推进国际物流供应链体系建设，提升金融双向开放水平，积极参与全球治理体系建设和改革，推动形成以国内大循环为主体、国内国际双循环相互促进的新格局。

一、加快规则、规制、管理、标准等制度型开放

（一）加强与国际通行的市场规则对接

从我国国情和发展阶段出发，借鉴吸收国际成熟市场经济制度经验和人类文明有益成果，填补自身在规则制度方面的短板、弱

项，形成同国际贸易和投资通行规则、规制、管理、标准相衔接的市场规则制度体系。

（二）实行高水平的贸易和投资自由化便利化政策

全面实行准入前国民待遇加负面清单管理制度，外资准入负面清单外对内外资适用统一的市场准入标准。深化外贸体制改革，削减进出口环节的制度性交易成本，促进贸易平衡发展，推动服务贸易创新发展。加快自由贸易港、自贸试验区等对外开放高地制度创新，为全国范围更高水平制度型开放探索新路径、积累新经验。

（三）积极参与国际经贸规则制定

坚持 WTO“非歧视”和“开放”的核心原则，维护多边贸易体制的主渠道地位，积极推动和参与 WTO 改革，推动投资便利化、电子商务等议题尽快取得成果，推动构建更高水平的国际经贸规则。

二、推进基础设施互联互通

（一）完善基础设施互联互通网络

以“六廊六路多国多港”为基本框架，以新亚欧大陆桥等经济走廊建设为引领，以中欧班列、陆海新通道等大通道和信息高速路为骨架，基于合作国及有关区域发展需要和合作意愿，以铁路、公路、航空、水运、通信、电力、油气管网为重点，聚焦关键通道、关键城市、关键项目，着力推动陆上、海上、天上、网上四位一体的联通。

（二）加强政策规则标准联通

与有关国家和地区加强发展战略、基础设施建设规划、质量技术标准体系对接，开展海关、检验检疫、边境管理合作，推动通关便利化、运输便利化等“软联通”建设，促进政策、规则、标准三位一体的联通，提升互联互通基础设施的运行效率，为互联互通提供机制保障。

（三）推动基础设施互联互通合作高质量发展

深化基础设施互联互通合作理念沟通，对接国际通行规则，遵循国际合作惯例，注重提升基础设施工程质量、环境友好度和财务可持续性，加强风险防控，与有关各方共同建设高质量、可持续、抗风险、价格合理、包容可及的基础设施。

（四）注重我国与周边国家基础设施互联互通合作和对外开放的衔接

做好我国与周边国家基础设施互联互通合作与我国内陆开放、沿边开放和向西开放的衔接，加强陆上互联互通基础设施合作，畅通海上开放通道，构建陆海联运、公铁联运等多式联运体系，推动内陆沿边地区成为开放前沿，促进沿边重点地区开发开放，扩展内陆沿边地区开放空间。

» 专栏 5-7

中泰铁路项目

中泰铁路合作项目是中泰两国共建“一带一路”、开展产能合作的旗舰项目。项目线路为廊开—呵叻—耿奎—曼谷和耿奎—玛它普港铁路，总长度约845公里。目前，项目分两期建设，项目一期是曼谷—呵叻段，长约252公里，二期是呵叻—廊开段长度约354公里（耿奎—玛它普港铁路暂未提上日程）。项目一期设计时速250公里，采用中国技术标准，由泰方全额投资。线下土建工程由泰方负责，设计、监理以及轨道工程、四电系统和车辆等线上部分由中方负责。项目一期已于2017年12月21日开工建设，预计2025年建成投运。

中泰铁路合作项目建成后，将进一步提升泰国在中南半岛的交通枢纽地位，为泰国经济发展注入新活力。同时，中泰铁路合作项目将向北通过中老铁路联通中国，提升我国与东盟国家的互联互通水平，促进我国西南地区的经济社会发展。

中泰铁路路基

三、推进国际物流供应链体系建设

（一）优化国际物流基础设施建设

围绕我国产业的重点国际资源、海外产业布局、主要国际市场，加快国际物流通道、枢纽、网络体系建设，加快补足境外支线物流网络等短板。以边境地区口岸和内陆港为重点，完善相关交通基础设施网络及海关监管等服务设施，建设一批具备货物换装作业、保税物流、报关、检查等综合配套功能的物流枢纽。加强国际运输规则衔接，推动通关、检验检疫、物流便利化等机制化合作。

（二）推进海运业高质量发展

适应绿色化、智能化发展要求，健全海运发展配套政策，加强与国际规则标准接轨。以海上丝绸之路建设为重点，支持中国海运和基础设施企业走出去，加强与沿线国家海运基础设施的“硬联通”。推动海运政策、规则、标准的“软联通”。

（三）提高我国国际航空货运能力

加强国际协作，畅通国际快件等航空货运。积极支持航空公司和物流企业发展航空货运，促进全货机机队规模不断壮大。积极探索航空货运发展新模式，鼓励航空公司和物流企业进行深度融合。完善综合性机场货运设施，有序推进专业性枢纽机场建设。健全航空货运标准体系，推动货运单证简化和无纸化。

（四）支持物流企业深化国际合作

逐步加强对全球物流、商流、信息流资源的整合，加强清关、货代、仓储等物流服务，支持物流企业建设与国际贸易需求相配套的国际物流网络体系。加强“一带一路”沿线国家物流资源布局，设立分销服务网络、物流配送中心、海外仓等，利用我国交通运输和物流企业境外业务网点及地面运输系统，形成畅通有序的国际物流供应链。

四、提升金融双向开放水平

（一）放宽外资金融机构准入

推动金融业全面落实准入前国民待遇加负面清单管理制度。在持股比例、设立形式、股东资质、业务范围、牌照数量等方面对中外资机构适用同等监管要求和标准。

（二）推动金融市场更高层次开放

进一步开放国内资本市场，扩大境内外资本市场互联互通的覆盖范围。稳步推进保险、金融衍生品市场对外开放，提升中资机构专业技术水平。

（三）加强和改进全口径中长期外债管理

充分发挥中长期外债在“扩流入、控流出、促投资、稳增长”、维护我国国际收支平衡和经济金融发展稳定方面的作用，按照“控制总量、优化结构、服务实体、防范风险”的原则，不断增强中长期外债管理的科学性、针对性、有效性，进一步完善事中事后监管，有效防范外债风险，持续提升中长期外债使用效益，为推动高质量发展服务，为加强和改善宏观调控服务，为统筹国内国际两个大局服务。

（四）提高中资金融机构国际化水平

支持有条件的我国金融机构进一步走出去，拓展海外服务网络，优化全球布局，提高经营水平，增强服务能力。推动跨境金融服务从传统业务向高附加值业务方向发展。加强中资金融机构境外经营合规管理，规范投融资行为。

（五）有序推进人民币国际化

继续推进人民币跨境支付系统建设，夯实人民币国际化的基础设施。稳妥有序推进人民币资本项目开放。稳步拓展人民币的国际使用，推动大宗商品交易用人民币计价结算，鼓励境外主体持有人民币资产，提升人民币在岸与离岸市场发展水平。

（六）深化外汇体制改革

坚持经常项目可兑换原则，提升贸易和投资自由化便利化水平。继续推进人民币汇率形成机制改革，为市场主体充分利用两个市场、两种资源创造更好条件。加快构建跨境资本流动宏观审慎管理体系，提升保障金融安全的能力。

五、积极参与全球治理体系建设和改革

（一）多层次参与全球治理平台

坚定维护以联合国宪章宗旨和原则为核心的国际秩序和国际体系，充分利用多边国际规则，加强与多边国际组织合作，在推动经济增长、结构性改革、科技创新、产业协调、公共卫生、应对气候变化等议题中积极贡献中国方案。推动多边国际组织改革和谈判进程，倡导多边主义和国际关系民主化，维护多边协商体制的权威地位，推动进一步扩大新兴市场国家与发展中国家的参与比例。

（二）持续深化区域合作

推进亚太经合组织、亚欧会议、大图们倡议、大湄公河次区域、中亚区域经济合作、上海合作组织、中国—东盟、泛北部湾、澜沧江湄公河、中国—中东欧国家合作等区域、次区域合作不断深入。深化与相关周边国家跨境经济合作。加强与中亚、非洲、南美洲等地区国家合作力度。适时推动构建新的区域治理体系，并逐渐形成全球治理的有力支撑。

樊纲，2020. 建设更高水平开放型经济新体制 [EB/OL].（2020-06-10）[2020-08-06].http：//www.cser.org.cn/news/2053.html.

冯其予，2020. 民企外企成服务外包产业发展主力 [N]. 经济日报，2020-07-24（7）.

国家发展和改革委员会，2017. 中国对外投资报告 [M]. 北京：人民出版社.

国家税务总局，2020. 国家税务局 2019 年法治政府建设情况报告 [EB/OL].（2020-04-01）[2020-07-25].http：//www.chinatax.gov.cn/chinatax/n810214/n2897183/c5147750/content.html.

国家外汇管理局，2020.2019 年中国国际收支报告 [EB/OL].（2020-03-27）[2020-07-25].http：//www.safe.gov.cn/safe/2020/0327/15828.html.

李振，2020. 国务院常务会释放国家高新区扩大开放信号：更好融入国际产业链、供应链 [EB/OL].（2020-07-02）[2020-07-09].http：//www.gov.cn/zhengce/2020-07/02/content_5523720.htm.

韩文秀，2019. 建设更高水平开放型经济新体制 [J]. 宏观经济管理（12）：5-7，11.

霍建国，2015. 深化改革开放 全面构建开放型经济新体制——关于“十三五”时期扩大对外开放的思考 [J]. 全球化（06）：30-37，131.

江小涓，2020. 建设更高水平开放型经济新体制 [J]. 经济研究，55（1）：9-11.

李福文，2020. 香港外汇储备与人民币境外结算中心的经济策略研究 [J]. 当代经济（2）：62-65.

李建平，黄瑾，2018. 谱写新时代中国全面对外开放新篇章 [N]. 光明日报，2018-11-05（11）.

李江平，2020. 陆股通重仓股票的动量效应实证研究 [J]. 上海金融（4）：

22-30.

李金华，2019. 建设更高水平开放型经济新体制的实践路径 [N]. 经济日报，2019-12-17（15）.

李秀娜，2019. 海外利益保护制度的有效性困境及路径探究 [J]. 北方法学，13（05）：97-110.

林备战，2020. 长三角中欧（中亚）班列运营现状及建议 [J]. 中国远洋海运（01）：6-7，58-59.

刘建飞，2018. 新时代我国对外工作的根本遵循 [N]. 学习时报，2018-10-22（1）.

芦东，周梓楠，周行，2019. 开放经济下的“双支柱”调控稳定效应研究 [J]. 金融研究（12）：125-146.

马建堂，2019. 以新一轮改革开放应对国际经贸变局 [J]. 山东经济战略研究（08）：2.

马宇，张婷婷，2020. 中华人民共和国成立 70 年外汇管理政策的演变与发展 [J]. 云南财经大学学报，36（1）：3-13.

马志扬，2020. 全口径跨境融资 [J]. 金融会计（4）：65-66.

梅建明，2019. 论新时期中国海外利益保护面临的挑战与对策 [J]. 中国人民公安大学学报（社会科学版），33（05）：1-7.

潘功胜，2019. 我国外汇管理改革事业 70 年 [J]. 中国金融（19）：14-16.

王发龙，2016. 国际制度视角下的中国海外利益维护路径研究 [D]. 济南：山东大学.

王帆，2018. 全球治理的中国智慧与中国方案 [N]. 光明日报，2018-01-30（6）.

王晓红，2019. 推动开放包容 互利共赢的中国对外经济战略 [J]. 全球化

（08）：5-29，134.

王晓红，2019. 中国经济高质量发展面临的国际国内环境分析 [J]. 全球化（10）：45-59，134.

吴晓灵，2018. 完善外汇管理体制 促进中国经济全球化发展 [J]. 清华金融评论（12）：18-21.

熊若愚，2018. 推动形成全面开放新格局 [N]. 学习时报，2018-01-12（1）.

徐贝贝，2020. 金融开放如何“搅动一池春水” [N]. 金融时报，2020-05-21（4）.

杨挺，陈兆源，韩向童，2019.2019 年中国对外直接投资特征、趋势与展望 [J]. 国际经济合作（1）：13-29.

叶辅靖，原倩，2019. 我国金融开放的历程、现状、经验和未来方向 [J]. 宏观经济管理（1）：21-27.

易纲，2015. 外汇管理改革开放的方向 [J]. 中国金融（19）：18-20.

易小丽，郑清英，2020. “十四五”期间中国金融高质量开放研究 [J]. 经济研究参考（10）：11-20，42.

张瑾，龙强，江洪，2019. 以扩大高水平开放促进中部地区高质量发展 [J]. 宏观经济管理（12）：42-47.

张琦，2020. 加快构建更高水平的开放型经济新体制 [N]. 中国经济时报，2020-07-06（4）.

张歆，2019. 自贸区开放对标国际最强 国际经贸竞合迎“中国方案” [N]. 证券日报，2019-08-21（A01）.

张幼文，2018. 中国四十年开放型发展道路：战略节点与理论内涵 [J]. 学术月刊，50（09）：44-55.

中共中央 国务院关于推进贸易高质量发展的指导意见[EB/OL].（2020-01-19）[2020-07-09].http：//www.mofcom.gov.cn/article/b/g/202001/20200102931557.shtml.

中共中央宣传部，2018. 习近平新时代中国特色社会主义思想三十讲[M]. 北京：学习出版社.

中共中央宣传部，2019. 习近平新时代中国特色社会主义思想学习纲要[M]. 北京：学习出版社.

中华人民共和国国务院新闻办公室，2019. 新时代的中国与世界[M]. 北京：人民出版社.

中华人民共和国海关总署，2020. 截至2020年6月底全国海关特殊监管区域情况[EB/OL].（2020-07-15）[2020-07-18]. http：//zms.customs.gov.cn/zms/hgtsjgqy0/hgtsjgqyndqk/3189456/index.html.

中华人民共和国商务部，2019.2018年国家级经济技术开发区主要经济指标情况[EB/OL].（2019-05-14）[2020-07-14]. http：//ezone.mofcom.gov.cn/article/n/201905/20190502862821.shtml.

中华人民共和国商务部，2020. 中国对外投资发展报告2019[EB/OL].（2020-06-16）[2020-07-09].https：//images.investgo.cn/eWebEditorFile/20200613093852201.pdf.

中华人民共和国商务部，2020. 外贸易形势报告（2020年春季）[EB/OL].（2020-06-15）[2020-07-09]. http：//zhs.mofcom.gov.cn/article/cbw/202006/20200602974110.shtml.

中华人民共和国商务部，国家统计局，国家外汇管理局，2019.2018年度中国对外直接投资统计公报[M]. 北京：中国商务出版社.

中华人民共和国商务部，中华人民共和国国家统计局，国家外汇管理局，2018.2017年度中国对外直接投资统计公报[M]. 北京：中国统计出版社.

中华人民共和国商务部，中华人民共和国国家统计局，国家外汇管理局，2017.2016 年度中国对外直接投资统计公报 [M]. 北京：中国统计出版社.

中华人民共和国商务部，中华人民共和国国家统计局，国家外汇管理局，2016.2015 年度中国对外直接投资统计公报 [M]. 北京：中国统计出版社.

中华人民共和国商务部，中华人民共和国国家统计局，国家外汇管理局，2015.2014 年度中国对外直接投资统计公报 [M]. 北京：中国统计出版社.

中华人民共和国商务部，中华人民共和国国家统计局，国家外汇管理局，2014.2013 年度中国对外直接投资统计公报 [M]. 北京：中国统计出版社.

钟山，2019. 奋力推进新时代更高水平对外开放 [J]. 求是（22）：61-68.

朱琳，2020. “一带一路”成国际经贸重要推动力 [N]. 经济日报，2020-06-01（8）.

佚名，2019.2019 年版全国和自贸试验区外商投资准入负面清单发布 [EB/OL].（2019-06-30）[2020-06-28].http：//www.chinanews.com/cj/2019/06-30/8878878.shtml.

魏董华，2020.2019 年浙江进出口首破 3 万亿元 [EB/OL].（2020-01-17）[2020-06-28].http：//www.xinhuanet.com/2020-01/17/c_1125476019.htm.

上海市人民政府新闻办公室，2020.2019 年上海市国民经济运行情况 [EB/OL].（2020-01-21）[2020-06-28].http：//shio.eastday.com/sh/xwb/n790/n792/n1114/n1115/u1ai23245.html.

佚名，2019. 去年全国 219 家国家级经开区实现地区生产总值 10.2 万亿

元 [EB/OL].（2019-05-29）[2020-06-28].http：//yn.people.com.cn/n2/2019/0529/c378440-32990721.html.

UNCTAD，2020.World Investment Report 2020[EB/OL].（2020-6-16）[2020-6-30].https：//unctad.org/en/PublicationsLibrary/wir2020_en.pdf.

后 记

本书在国家发展改革委党组书记、主任何立峰同志的直接领导下编写，党组成员、副主任宁吉喆同志悉心指导，外资司牵头起草，宏观经济研究院、国际合作中心、中国国际经济交流中心等单位参加。外资司司长刘小南和副司长郑持平、吴红亮、张志青为本书编写作出了具体指导。参与本书起草和修改的主要人员有：冯宝山、韩保军、高玮琪、孙宇、郭锐、袁锋、叶振东、竺玮、廖胜、周怀乐、于文静、陈少婧、郑庆明、张英男、刘昊翔、唐加锴、李瞧瞧、李鹏、陈铋超、邱舒婷、万书、贺鹏举、王峰、颜牛、郭永刚、季剑军、刘栩畅、尹佳音、张一婷、陈大鹏、原倩、黄勇、刘建兴、郭建民、谢琳灿、黄柏钧、孙峰、吴珊、王晓红、李蕊。全书由吴红亮统稿，由袁达、韩振海、赵怀勇、林楠、孙亮、李旭东、张洽棠、郭冠男、王喆、刘晓萍审稿，由中国计划出版社赵超霖、李陵、徐泓编辑。

学习贯彻习近平新时代中国特色社会主义经济思想

做好“十四五”规划编制和发展改革工作

| 系列丛书 |

编委会

在本书成稿过程中，国家发展改革委政研室给予了协调和帮助，规划司、综合司、体改司、地区司、开放司、基础司、产业司、高技术司、社会司、就业司、经贸司、财金司、法规司、国际司、一带一路建设促进中心提供了有关材料并研提了修改意见。在此谨对所有给予本书帮助支持的单位和同志表示衷心感谢。

本书编写时间较紧，不足之处，敬请批评指正。

本书编写组

2020 年 8 月